安徽省质量工程项目规划教材项目　项目编号 2017ghjc226
安徽省质量工程一流教材建设项目　项目编号 2018yljc134

安徽省高等学校规划教材

ECONOMY

商业伦理

主　编◎石秀和　金成林
副主编◎哈　静　张　虹　姜　玮

MANAGEMENT

图书在版编目(CIP)数据

商业伦理/石秀和,金成林主编. —合肥:安徽大学出版社,2021.1(2025.1 重印)
ISBN 978-7-5664-2183-8

Ⅰ. ①商… Ⅱ. ①石… ②金… Ⅲ. ①商业道德—高等学校—教材 Ⅳ. ①F718

中国版本图书馆 CIP 数据核字(2021)第 004055 号

商 业 伦 理
SHANGYE LUNLI

石秀和 金成林 主编

出版发行:北京师范大学出版集团
安 徽 大 学 出 版 社
(安徽省合肥市肥西路 3 号 邮编 230039)
www.bnupg.com
www.ahupress.com.cn
印 刷:安徽省人民印刷有限公司
经 销:全国新华书店
开 本:787 mm×1092 mm 1/16
印 张:10.25
字 数:218 千字
版 次:2021 年 1 月第 1 版
印 次:2025 年 1 月第 5 次印刷
定 价:28.00 元
ISBN 978-7-5664-2183-8

策划编辑:方 青 邱 昱
责任编辑:方 青 邱 昱
责任编辑:姚 宁
装帧设计:李 军
美术编辑:李 军
责任印制:陈 如 孟献辉

编 委 会

主　编　　石秀和　金成林

副主编　　哈　静　张　虹　姜　玮

编　委（排名不分先后，以姓氏笔画为序）

王　超　王俊峰　邓欣倩　石秀和

吴珍梅　杨　露　张　虹　汪　雷

金成林　哈　静　姜　玮

目　录

前　言

经济学大家亚当·斯密的两部著作《国富论》和《道德情操论》对后人影响深远。斯密在《国富论》中建立的富国强民的古典经济学体系，已为我国理论界所熟知，但他在道德情操论中阐明的“以公民的幸福生活”为目标的伦理思想，却很少引起思想理论界的关注。经济学专家埃里克·罗尔说：“我们不能忘记《国富论》的作者就是《道德情操论》的作者。如果我们不了解后者的一些哲学知识，就不可能理解前者的经济思想。”亚当·斯密在《道德情操论》中把人们的行为归结于同情，而在《国富论》中却把人们的行为归结于自私，因此，学者把亚当·斯密看作伦理学上的利他主义者、经济学上的利己主义者。亚当·斯密在《道德情操论》中指出：“人在追求自身物质利益的同时要受道德观念的约束，不可伤害他人，而要帮助他人，人既要利己也要利他，道德与正义对于社会乃至于市场经济的运行至关重要。”同时，亚当·斯密告诫我们：“自爱、自律、劳动习惯、诚实、公平、正义感、勇气、谦逊、公共精神以及公共道德规范等，所有这些都是人们在前往市场之前就必须拥有的。”

《人民日报》在《补齐商业文明短板》一文中指出：商业文明是发达商业活动以及与之相适应的商业价值观念、商业伦理等的总称，涵盖商品、商业设施、商业制度、商业精神等诸多方面，体现人们在商业活动中的理想追求、伦理道德、精神风貌等，其价值和意义在于促进义与利、竞争与诚信相协调，将商业活动有机整合到社会经济发展的大系统中，促进商业经济良性发展，进而推动人类社会可持续发展。一个商业文明高度发达的社会，意味着形成了商业与社会发展和谐互动的良好状态。现代经济发展离不开商业文明根基，补齐商业文明短板刻不容缓。我们应弘扬诚实守信的商业伦理，营造公平公正的商业环境，树立积极进取的商业精神。

21 世纪是公民社会时代，弘扬公平正义，推进民主法制，倡导责任、道德和文化成为时代的主旋律。然而,从纳斯达克前董事会主席麦道夫通过"庞氏骗局"制造的美国历史上最大诈骗案,到贾跃亭出逃事件,再如安然事件以及三星行贿案等事件,可以确证商业伦理、企业家精神、社会责任、职业道德等日益成为目前及未来市场竞争的重要方面,也成为高校商科人才培养的重要内容。其同时折射出深层次问题:为数不少的公司高管及政府高官无视责任与法制,缺失道德与文化,毫无诚信,而有关政府监管调控部门失职渎职亦难辞其咎。联合国前秘书长安南认为,由美国次贷危机引发的全球金融危机,本质上是华尔街金融寡头贪婪、欺诈和无知等商业伦理泯灭的结果。美国学者理查德·比特纳在其著作的导读中认为,美国的次贷市场真是一个缺失"上帝之城"秩序的"地狱之城",造成美国次贷危机的真相就是贪婪、欺诈和无知。

商业伦理是伴随着商业的发展而产生的。商业伦理自从产生的那一天起,一直充满着善与恶的较量,整个商业伦理史可以说是善与恶的斗争史,是一部公平和诚信无欺的经商之道与狡诈和欺骗的奸商行为长期较量的历史。正是在这种善与恶的对立和较量中,商业伦理不断地发展和完善起来,并以其特有的方式推动着社会的发展。

本书是安徽省省级质量工程项目(项目编号:2017ghjc226)成果,在阐述理论内容的基础上,体现新时代要求,融入安徽地方文化,增加地方性的案例研究,并引入数字资源。这本教材有助于学生了解地方商业文化,提高学生的伦理问题识别能力和伦理决策能力,进而净化商业生态的伦理氛围和提升整个社会的道德水平。编者力争做到以下几点。

1.提升教材质量

教材是高校人才培养工作的一项基础性工作,其建设质量和数量不但在很大程度上影响甚至决定着高校教学内容和课程体系改革的效果,而且最终必然对人才培养目标的实现产生极大的作用,是高校人才培养目标的基础性依托。项目组坚持教材编写内容的科学性和应用性,持续关注教材使用反馈,甄选地方鲜活案例以丰富教材内容,突出教材内容的地方性和时效性。

2.辅助课程建设

教材建设不是孤立的,它只有与教育教学改革的目标和进度相适应,才能取得预期效果。教学改革的种种设想和试验,要通过教材建设来体现,而教材建设反过来又推动和促进教学改革。在教材编写过程中,我们注意引入地方的特色案例,从而促进案例教学法的实施,通过申报校省级精品课程项目、视频公开课程项目,建设智慧课堂。

3.促进商科学生人文素养培养

商业伦理是一门关于商业与伦理学的交叉学科，是商业与社会关系的基础。随着我国经济的蓬勃发展，在市场经济领域中的商业伦理已成为社会讨论的焦点。商业伦理研究的是商业活动中人与人的伦理关系及其规律，以及商业和商业主体既充满生机又有利于人类全面和谐发展的合理的商业伦理秩序。教材的编写和课程的建设可以有效地促进商科学生自觉遵守商业行为原则和规范，树立的优良商业精神，培养良好的商业道德。

4.促进地方型、应用性的人才培养

高等教育培养应用型人才，需要应用型的课程支撑，需要校企合作的应用型教材支撑。一本优秀的教材能将学生引领到正确的方向，获得事半功倍的学习效率。因此教材的编写发行，要从学生实际出发，坚持培养应用型人才的定位，紧跟时代步伐，吐故纳新。本教材顺应时代特征，设计融入徽商文化的商业伦理与修养的教材体例，并引入企业高管融入教材编写团队，全程参与体例的设计、教材的编写、案例的开发等工作。

我们的目标是希望编写一本高水平的《商业伦理》教材，以便为培养面向21世纪的新型企业人才发挥积极作用，但书中难免存在不妥和疏漏之处，衷心地希望能够得到学界同仁、实务界的朋友以及广大读者的批评指正，在今后的教学实践中我们会使本教材不断地得到完善。

编 者

2020年7月2日

绪　论

第一节　商业伦理课程开设的意义

商业伦理是一门关于商业与伦理学的交叉学科，是商业与社会关系的基础。随着我国经济的蓬勃发展，在市场经济领域中的商业伦理已成为社会讨论的焦点。商业伦理研究的是商业活动中人与人的伦理关系及其规律，研究使商业和商业主体既充满生机又有利于人类全面和谐发展的合理的商业秩序，进而研究商业主体应该遵守的商业行为原则和规范、应当树立的商业精神、商业道德。

高等学校开设商业伦理课程，在国外，目前只有约 20 年的历史。在我国，商业伦理课程才刚刚起步，只有少数学校于近年开设了这门课程，大多数院校尚处于观察和探索中。通过对国内外的经验的总结，并结合各方面的意见，开设商业伦理学课程的意义可以从以下两个方面加以理解：一是从商业伦理对现代商业活动的意义角度，阐述研究商业伦理的实践意义；二是从学科建设、人才培养、教学需求的角度探讨开设商业伦理课程的必要性。

一、商业伦理对现代商业活动的意义

（一）商业伦理可以约束商业行为，营造良好的商业秩序

商业伦理通过确定商业活动主体在一系列商业活动过程中所应遵循的规范和准则，坚持以善为本，帮助人们正确划分对与错、明辨是与非，明确商业经营者权利与义务，约束商业经营者自觉地按照公认的是非准则行事，在商业活动中作出正确的决策。商业伦理在约束商业行为、营造良好的商业秩序的同时，也是企业最具竞争力的核心资产。

（二）商业伦理有利于优化信用体系建设，从而降低交易成本

商业伦理可以将企业的商业经营活动纳入道德规范体系，通过商业规范和商业行为准则的积极引导，借助舆论进行持续宣传和渗透，促使企业提升思想觉悟，有效处理在商业活动过程中面临的各种内外部关系。坚守商业伦理，有利于加强信用体系的建设。

商业伦理体系不断完善，对商业目的及实现商业目标的手段与方法的正当性进行规范和约束，有助于促进良好的商业信用体系的构筑。商业交易双方之间会因恪守商业伦理而彼此更加信任，企业遵从社会良知，可有效降低因商业伦理丧失而引发的商业欺诈行为，可以减少企业的违规操作行为，促进企业社会资源的优化整合，在提高资源利用效率的同时，也能有效降低交易成本。

（三）商业伦理是企业重要的核心竞争力

在经历经济危机的冲击之后，全球很多企业都已经开始意识到过分偏重于企业利益而忽视商业伦理，企业将面临极大的生存风险。企业若想保持持久的生命力，就必须重视商业伦理建设，积极建立与商业伦理相匹配的企业核心价值体系和企业文化，这是企业抵御外界各种灾难的核心竞争力。

二、商业伦理对学科建设、人才培养的意义

（一）商业伦理推动相关学科的发展

当前学科发展呈现出两种趋势：一是分工越来越细，分支学科越来越多，越来越向纵深发展；二是学科之间的综合、交叉、渗透越来越多，在相互交叉的基础上形成一批新兴学科。开设商业伦理学课程，是对两种趋势进行综合的结果。

经济学和伦理学的相互关联性为商业伦理学的诞生提供了可能。经济学与伦理学作为两门相对独立的学科，在相当长的一段时期内走着平行发展的道路，但进入现代以来，受学科综合化和整体思维的影响，二者日益相互融合、彼此交叉渗透。现代经济生活中的某些问题仅仅依靠经济学是无法解决的，必须借助其他学科的力量。基于此，在经济学与伦理学相结合的基础上，商业伦理学应运而生。

研究商业伦理学也是深化商业经济学、企业管理学研究的需要。当今的商业经营活动在许多方面都涉及商业伦理问题，商业经济学、企业管理学的研究也应当渗透商业伦理学的内容。因此，研究商业伦理学，并在高校中开设商业伦理学课程，让学生学习商业伦理学，无疑会促进管理科学、企业管理等相关学科的发展。

（二）商业伦理适应人才培养中课程体系建设的需要

近年来，我国的商科教育事业取得了长足的发展，这主要得益于课程体系的改革。但我们也应清楚认识到，至今为止，我国商科教育的课程体系仍不完善，商业伦理学课程的缺乏就是一个例证。我国商业伦理课程的缺乏造成了三个方面的问题。一是商业伦理概念不清。随着市场经济体制的引入，中国人经历着一个知识更迭的过程。要建设商业道德，首先必须区分什么是“道德”与“不道德”，因此，指出道德的标准是首要之举，而进一步强化道德标准并深入人心，则是更具体、更细微、更漫长的工作，这恰巧是教育所追求的。二是对商人和企业家的培养，目前依然停留在操作的层次上，培养既熟悉交易技术，又有崇高道德境界的新人，是商科教育必须首先解决的问题。三是商业伦理的专业教育和普及教育不够完善，这导致不道德的交易频发，影响市场经济的发展，因此，

普及商业伦理教育极有必要。

综上所述,开设商业伦理学课程是人才培养课程体系建设的需要。

第二节 商业伦理的研究内容、研究方法

一、商业伦理的研究内容

商业伦理研究以商业道德为根本,主要研究商业活动中所涉及的伦理问题。旨在明确商业活动主体如何将商业道德的内容贯穿于企业经营活动的始终,从战略设计、组织体系设计、组织行为评价、监控机制设计等方面,提出相应的行动原则和规范,以实现企业与社会利益相关者多方共赢,维持商业秩序的健康稳定发展,并为人类社会营造一个安定和谐的生存环境而努力。首先,商业伦理的研究内容以道德为核心,对商业活动作出实质性的规范;其次,对商业伦理在企业和社会经济活动中的作用及其形式展开研究;最后,对商业伦理研究规范的建立、评价及监控体系等内容展开研究。

商业伦理研究内容具体包括以下四个方面:从宏观层次,对商业秩序及相关制度体系进行道德评价,对亟待解决的问题提出相应的解决方案;从中观层次,研究企业商业活动中的伦理问题;从微观层次,研究评价商业经营者及其商业经营行为的道德问题;在经济全球化大背景下,研究跨国公司在商业经营活动中的伦理问题。

二、商业伦理的研究方法

商业伦理作为企业发展的重要内生变量,在规范企业与内外部利益相关者的行为方面发挥着极其重要的作用,同时,恪守商业伦理既是企业提升品牌价值的重要方式之一,也是减少外部不经济性和促进社会经济文明进步的动力源泉。

随着互联网技术的发展,微博、微信、博客、论坛等自体传播媒介发展迅速,无形中增强了舆论对企业经营的监督力度。企业的经营行为无论是好还是坏,信息都迅速传播扩散开。另外,生态环境的不断恶化使企业构建绿色经营管理模式,以提升竞争力。面对如此严峻的现实,企业开始意识到商业伦理的重要性。因此,加强商业伦理的建设已被众多企业提升到了企业战略决策的高度。

针对商业伦理问题,本书主要采用以下研究方法。

(一)历史分析法

历史分析法是指运用发展、变化的观点分析客观事物和社会现象的方法。客观事

物是在发展、变化着的，因此，在分析事物和解决问题时，需要追根溯源，对发展的不同阶段加以联系和比较，以揭示其实质及未来发展趋势，从而提出符合实际的解决办法。

商业伦理作为一种社会意识形态，必然会受到不同历史阶段（奴隶社会、封建社会、资本主义社会、社会主义社会）政治、经济条件的制约，与此同时，也会受到不同国家在不同历史阶段相对应的文化等其他因素的影响。因此，对商业伦理问题的研究必须联系当时的社会历史条件，结合历史发展特点，进行全面的考察研究，以确定更加符合实际的商业伦理规范等。

（二）实证分析法

实证分析法是指通过对研究对象进行大量的观察、实验和调查，获取客观资料，从个别到一般，归纳出事物的本质属性和发展规律的研究方法，具体包括观察法、个案分析法、实验法等。

运用实证分析法，人们可以对在商业活动过程中不同企业遇到的伦理问题作为案例进行汇总分析，挖掘伦理问题出现的根源，运用归纳法和实验法等，从规范建设、组织构建、品质塑造、监控体系等方面分析在当前新商业时代背景下商业伦理问题产生的根源，并提出相应的对策。

（三）综合分析法

综合分析法是指为挖掘事物和现象的本质而运用多种统计指标研究事物和现象总体的一般特征和数量关系的研究方法。

商业伦理作为一种社会意识形态的表现形式，是伦理学研究在商业领域的特殊应用。因此，商业伦理体系建构与人的道德、价值观等密不可分，属于哲学范畴。因此，对商业伦理问题的研究，需要运用哲学（伦理学）的研究方法进行分析，以收到最佳效果。

（四）理论与实际相结合的方法

商业伦理与经济运行和企业管理密切相关，因此，在正确把握商业伦理内涵的基础上，应结合新商业时代的政治、经济、社会、文化等方面的内容进行理论研究，从而构建更切合实际的稳固的商业伦理理论框架，“从实践中来，到实践中去”，以更好地解决企业在商业活动中所遇到的各种商业伦理问题。

第一章

商业伦理概述、发展与教育

案例导引

在5·12汶川地震抗震救灾中捐款1亿、4·14玉树地震抗震救灾中捐款1.1亿元的加多宝集团，于2013年4月26日宣布捐款1亿给雅安地区，成为在4·20雅安地震抗震救灾中捐赠数额最高的企业。

在突如其来的雅安地震发生后，加多宝集团便紧急调集1000箱加多宝凉茶与1000箱昆仑山矿泉水奔赴灾区，在4月24日又调集2000箱加多宝凉茶，缓解了灾区用水的燃眉之急。

加多宝集团品牌管理部副总经理王月贵表示，当得知雅安发生7.0级地震时，与四川人民有特殊情感的加多宝人心情无比沉重。相关部门迅速决策，在黄金救援期第一时间送去灾区最急需的“生命之水”。并在灾情稳定后，加多宝紧急拨款1个亿，为当地灾民恢复生产生活提供可持续性的扶贫项目，与灾民同渡难关。

作为此次灾后重建的亿元捐款合作方，中国扶贫基金会秘书长刘文奎对加多宝给予了高度的肯定，并表示，不管哪个地方遭遇灾难，总能看到加多宝活跃的身影。

一位国际NGO的资深项目官员表示，国内企业表现的慈善热情预示着国内企业社会责任感的提升。而作为先行者的加多宝在公益慈善上的持续投入，使企业公益慈善变得更加体系化和可持续化。这也进一步证明了国内企业通过不断的公益探索和创新，有效地推动了中国公益事业的发展。

（资料来源：人民网，作者整理编写）

思考：

从上述案例中可以看出，我国企业的社会责任感不断提升，企业对公益的探索和创新持续进行。但是，也存在个别企业为了利益违背社会公德、不顾社会责任的情况。如果你是企业负责人，你会如何处理？

企业处于社会之中，虽然现代社会要求企业尊重消费者基本权利，遵守商业道德，担当社会责任，但在商业决策中，利益几乎总是超越于其他要素之上。随着市场经济的高度发展，自由竞争、平等交易等理念不断深入人心，在给企业带来发展机遇的同时，随之而来的也有一些负面现象，如企业因缺失商业伦理而无视产品质量、进行商业贿赂等。勿庸置疑，这将促使人们思考有关商业伦理的问题：什么是商业伦理？在社会高度发展和市场秩序逐步完善的现代社会中，商业伦理问题是否已经不复存在？对此，不同的人有不同的观点，旧的争论没有停止，新的问题不断出现。为了更好地解决理论界、实务界的纷争，我们首先梳理一下商业伦理的基本概念。

第一节 商业伦理概述

一、商业伦理的含义

“伦理”(ethic)一词,在西方源于希腊文 ethos,本意是风尚、习俗、气质和性格。公元前 4 世纪,亚里士多德曾在雅典学院讲授道德品行的学问,提出 ethics(伦理学)这一术语,此后,伦理成了与道德品行有关的概念。在中国古代,“伦理”一词中的“伦”和“理”本是分开使用的,“伦理”的连用,最早见于《礼记・乐记》的“乐者,通伦理者也”,意指人与人之间的关系应当遵守的行为准则。把伦理的概念引申到商业领域,就形成了商业伦理。

商业伦理起源于对经济学的研究,经济学的鼻祖亚当・斯密在《道德情操论》《国富论》《法律学讲义》等多本著作中阐述了关于商业伦理的思想。亚当・斯密在《国富论》中主张追求利润具有正当性,他认为企业家投资商业虽然是为了追求利润,但是在过程中往往产生服务人群、贡献社会的效果,促进社会进步。在《法律学讲义》中,他提出了一个国家能否有富余,在于这个国家是否进行了分工,以及分工是否精细关系到这个国家商业发展水平的重要思想。他认为,商业精神对于政府和国民性格、风俗习惯及道德状况都起着深刻的影响。一方面,他认为商业的发展促进了社会文明,加强了社会群体间的联系。另一方面,他也认为正是因为没有平等的分工,那些承担了社会最艰辛劳动的人没有得到该有的利益,这是不公平的。在《道德情操论》中,他认为,经济的发展、财富的增加不仅与金钱有关,更与人们在经济活动中的道德素质有关,良好的商业信誉对经济发展有积极的推进作用。法国古典政治经济学西斯蒙第继承了亚当・斯密关于商业伦理的思想,他否认经济自由主义,认为经济自由主义下经济的发展往往是以损害社会公共利益为代价而谋求个人利益的。他认为在经济发展的同时,必须保障个人的权益,如果因为想要增加自身财富而损害他人的利益是违背商业伦理的。法国伟大的启蒙思想学家、经济学家孟德斯鸠持有相同的观点,认为商业伦理可以帮助减少社会经济活动中的浪费。

商业伦理学是一门新兴的学科,它产生于 20 世纪六七十年代的美国。商业伦理学学者注重引进法学、社会学、经济学、管理学等学科中的方法,丰富了商业伦理学的研究方法,推动了商业伦理学的深入发展。

欧美各国经过“二战”后的休整,市场化程度不断提高。但同时也带来了很多的社会问题,企业间的欺诈交易、不正当竞争等行为损害了社会利益和公民权利,引起了社会群体的强烈不满。1962年,美国政府公布了《关于企业伦理及相应行动的声明》。1963年,霍华德·鲍恩出版了《企业家的社会责任》,首先提出了企业社会责任的观点。随着现代商业的不断发展和商业伦理事件的不断产生,许多知名学者也开始研究商业伦理领域。1974年11月,美国堪萨斯大学举行了第一届商业伦理学研讨会,这标志着商业伦理学的诞生,这次研讨会的会议记录后来编成书出版,即《伦理学,自由经营和公共政策:企业中的道德问题论文集》,此后还出版了商业伦理的一些重要著作、论文和刊物。该时期,学术界对商业伦理的研究集中在商业伦理现状和伦理道德观方面。到了20世纪80年代初,美国许多大学在管理学院开设了商业伦理学课程,成立了各种商业伦理研究机构。企业也开始把商业伦理应用到实际的经营管理中。该时期,学术界主要在企业的承担道德能力方面进行研讨。从20世纪90年代至今,美国、英国、日本等国建立了一些全球性的商业伦理研究机构。商业伦理学已经从对单一企业、单一地区研究转向为不同地区之间的比较研究和全球研究,从单一学科研究转向了跨学科研究,对商业伦理的研究更加深入。

要理解"商业伦理"的概念,需要确定在多大范围内进行研究。通常可以在三个层次上讨论商业伦理问题:商业组织所依存的环境、商业组织、商业组织中的群体和个人。

在第一个层次中,商业伦理是指社会宏观环境中的各行为主体(尤其是企业)在商业活动中所依循的伦理规范,即调节和规范经济活动主体商业行为的一系列伦理原则和道德规范。多数情况下,这被称为制度伦理或者结构伦理,是关于经济制度和规则的伦理问题。制度伦理的重要影响在于它塑造了商业伦理的环境氛围,直接、间接影响人们的认知和行为准则。

第二个层次是指参与经济活动的单个组织通过调整自己的行为规范,使之符合社会普遍期待,这常常被称为组织伦理。不同的组织有其自身的伦理准则,这些伦理准则的形成与实施促使他们在相同的伦理情境中作出不同的反应。

第三个层次是指作为群体和个体的人在从事商业活动中应遵循的伦理规范,其可以称为工作伦理或职业伦理。

综合考虑,本书采用学者纪良纲、朱坤萍的观点:商业伦理是指在商业活动中,企业及其成员在从事经营活动时,完善其素质和协调商业内外部利益关系的价值取向,以及在行为和品质上应遵循的伦理原则、道德规范的总和,是一定社会或阶级的普遍道德要求在商业实践中的具体化和职业化。

二、商业伦理的本质

商业伦理的本质是各基本要素的内在联系及其包含的必然性和规律性的总和。商业伦理既是一种职业道德,同时又是一种社会道德,具有职业道德和社会道德的双重属性。

(一)从职业道德层面理解商业伦理的本质

职业是人们在社会关系中所从事的专门工作业务及所承担的社会责任。职业道德是同人们的职业紧密联系的符合职业特点所要求的道德规范、道德情操与道德品质的总和。要理解职业道德需要掌握以下三点。

1.在内容方面

职业道德总是要直接地表达职业义务、职业责任以及职业行为上的道德规范。它往往表现为某一职业特有的道德传统和道德习惯,表现为从事某一职业的人所特有的道德心理和道德品质。

2.在表现形式方面

职业道德的表现形式往往具体、灵活、多样。它往往采用制度、守则、公约、标语、口号之类的形式。这些形式将职业道德的内涵用人们易于接受的方式呈现出来,方便人们遵守和实施。

3.从调节的范围来看

职业道德一方面在调节商业从业人员内部关系、加强内部凝聚力的同时,另一方面也调节从业人员与其服务对象之间的关系,比如企业工作人员与消费者的服务关系,从而塑造商业从业人员的形象。

简而言之,商业伦理的本质可以理解为职业道德层面的规范化和职业化。

(二)从社会道德层面理解商业伦理的本质

社会道德是以善恶标准来判断事物的一种特殊方式,这就与以真假标准来判断的科学方式、以美丑标准来判断的艺术方式有着明显不同。在善恶交织、义利冲突、是非较量的现实生活中,道德思维是必然的,商业伦理的本质更要求我们恪守道德原则和规范,履行道德责任和义务,坚持道德意志和信念,提升道德境界,完善道德品质和人格,为实现社会的道德理想作出自己的贡献。

三、商业伦理的基本特征

(一)功利性

商业伦理的功利性包括两个方面,一个是物质方面,另一个是精神方面。功利性既要考虑短期功利与长远功利的统一,又要考虑物质功利和精神功利的统一。例如,在商业活动中,与消费者打交道最直接的是服务业,其工作的初心和目的都是服务。

(二)规范性

商业作为一种专门从事交换的行业,必须有其专用性、普适性的行为规范,但是无论商业领域内的哪种职业伦理,都必须具有规范性,不得损害国家、社会及其他人的利益,不得违背法律、法规的强制性规定及其政策的要求。

(三)相对稳定性

伦理一般具有稳定性,商业伦理同样如此。但是商业伦理的稳定性是相对的,并不是一成不变的。无论是中国还是外国,从古至今,商业伦理都包括公平竞争、诚信经营等。但在不同的社会、经济、文化背景下,商业伦理又有一定的差异和变化,特别是商业伦理理论和实践之间存在着差距。

(四)滞后性

随着经济条件、社会环境等变化,传统的商业伦理观念已经不适合新时代发展的需要,新的商业伦理观念的产生往往会滞后于时代的发展。商业伦理的滞后性是相对于经济社会发展而言的。

四、商业伦理的功能与作用

(一)商业伦理的功能

1.调节功能

商业伦理的调节功能是指体现其本质要求,运用一定的评价方式来指导人们的行为,协调社会利益关系的一种实际活动能力。在商业活动中,无论是企业还是个人,都要追求经济效益。对企业来说,经济效益涉及企业的集体利益;对个人来说,经济效益关系到个人的自身利益。在追求利益的过程中,需要调节社会利益、集体利益和个人利益的关系,以及道德与利益的关系。商业伦理通过对道德教育及提高个人道德修养,以内心信念、道德规范、传统习惯和社会舆论等方式,使商业从业人员提升自己的信念和道德品质,提高自身的道德素质,协调好个人利益、企业利益和社会整体利益的关系。当然,商业伦理调节功能只是其中一种调节方式,需要与法律、经济、行政等调节方式共同运行。

2.认识功能

商业伦理的认识功能是指伦理所固有的反映伦理关系和伦理现象的能力。其表现为道德标准、道德意识、道德原则、道德规范体系等。商业伦理的认识功能可以引导人们树立正确的利益观，培养人们追求卓越业绩的成就感和使命感，从而使人们树立强烈的进取精神和创新精神，使人们的经济行为动机更加积极和高尚。总之，商业伦理是商业实践的指挥棒，发挥着指引正确方向的作用。

3.教育功能

商业伦理的教育功能是指通过评价活动和激励方式产生良好社会舆论和社会风貌，树立道德楷模，以培养崇高的道德品质。商业伦理的教育功能在于通过家庭、学校、职业、社会等各种渠道，采取多种方式向人们灌输和传播道德知识，帮助人们认知善恶、黑白、是非，树立正确的道德观念，从而自觉地按照标准来调节自己的行为，达到提高道德标准、道德意识和道德品质的目的。教育功能是构建商业伦理过程中最直接呈现且效果也最为显著的功能。

商业伦理的三大功能是相辅相成、不可分割的统一体。其中，商业伦理的调节功能是最基本的功能。商业伦理的认识功能是首要的功能，也是发挥调节功能的前提。商业伦理的教育功能是调节功能和认识功能得以发挥的实践基础，也是发挥调节功能的必要条件。

（二）商业伦理的作用

1.解决市场失灵问题

（1）可以降低交易成本。

商业作为一种人与人之间专门从事交换的行业，商业伦理规则也必然发挥着调节、认识和教育的功能。合理的商业规则会减少交易矛盾、降低交易费用。而在缺乏商业伦理的社会中，人们为了防止欺诈交易行为，防止生产、销售假冒伪劣产品等问题，就要花费大量人力、物力资源等去鉴定真伪，聘请法律顾问去防范风险等，从而导致交易成本增加、社会资源浪费。

（2）可以约束商业行为。

商业行为本身就存在两种动机，一是追逐利益，二是遵守规则。商业行为在追逐利润的同时，必须遵守市场运行规则和规律，受法律和道德约束，通过一定的秩序进行整合。商业伦理必须在商业行为与人们的利益关系中建立起来，既包括商业规则、法律、法规、政策，又包括以社会为本位的商业伦理规范，从而发挥利益动机和伦理约束的协同作用。

（3）可以弥补市场机制缺陷。

市场机制不是万能的，不可能解决一切经济、社会问题。在满足一切理想条件，从而使市场机制能够充分发挥作用的情况下，市场对一些经济、社会活动仍然无能为力，这就是所谓的市场机制缺陷。例如，企业因缺失商业伦理而无视产品质量、进行商业贿赂等，此时，无辜的消费者便不幸成为受害者。在这个时候，需要发挥商业伦理的作用。

2.促进商业市场关系和谐

商业市场的秩序稳定需要各方利益关系保持和谐，而社会只有在稳定的秩序下才能正常运转。正如前述，企业追求利润动机的持续扩张往往会导致社会混乱，为了国家的长治久安和社会的和谐稳定，必须约束企业的不当商业行为。商业伦理正是人类为了寻求长久可持续发展，在满足追求利益需求与社会和谐之间平衡的机制。在现实社会中，调节企业与社会的矛盾是商业伦理的主要任务。商业伦理既是企业自我发展必须遵守的方式，也是调节社会关系的必要抓手。以约束企业为手段的调节功能，最终将为企业创造良好可持续的发展条件。

3.减少商业腐败现象

腐败问题表现为以权谋私、权钱交易，以满足好逸恶劳的人挥霍、享乐的需求。说到底，大部分是道德观念和行为约束的问题。商业伦理发挥认识功能和教育功能，通过道德的力量规范商业从业人员、官员的行为，使他们自觉遵守职业道德，反对利己主义、拜金主义、个人主义，帮助他们树立正确的人生观、价值观、金钱观，树立勤劳致富、廉洁自律、守法光荣、无私奉献的思想，从而有助于减少商业腐败现象和刑事犯罪的发生。

第二节　商业伦理的发展

一、西方商业伦理的发展

商业伦理是经济发展到一定阶段的产物，在不同的历史时期有着不同的思想表现。

（一）西方商业伦理思想的发展

1.奴隶社会的商业伦理思想

古希腊、古罗马哲学家的伦理思想是奴隶社会伦理思想的典型代表。主要代表有赫拉克利特，他在事实上提出个人行为和社会整体的关系问题。以德谟克利特为代表的唯物主义哲学学派坚持从现实利益角度说明道德，在维护奴隶主阶级的整体利益的同时，也比较注意平民的个人利益。以柏拉图为代表的唯心主义哲学学派则否认道德同社会物质生活条件的联系，往往用抽象的说教压制平民的进步要求，抹杀奴隶作为人的起码生活需要。亚里士多德坚持德谟克利特代表的伦理学倾向，在前人研究成果的基础上，进行了广泛而有成效的探究，形成了较为系统的伦理思想，为西方伦理学成为相对独立的科学奠定了基础。

古希腊、古罗马人崇尚劳动，重视农业，轻视工商业。他们认为，只有辛勤的劳动才能致富，而且认为劳动是神明所赋予的使命。同时激发出敬业精神，要求人们恪守社会分工、尽职尽责。古希腊、古罗马人强调财富的获得要符合道德。他们认为，适度是德性的特征，过度和不及都是恶的表现。因此，从节制角度看，拥有中等财富是最理想的。亚里士多德认为，财富之术属于家务管理的范围，应该有限度。它规定了经济活动的道德标准：满足人生存需要的致富活动，如农、牧、渔、猎活动是自然合理的；而为积累而积累的敛财术，如商业是不自然不合理的，应受到指责。古希腊、古罗马人重视商业行为中的奉法精神。他们认为奉法精神是一种伦理精神，正义就是守法。自然法由于与神性、理智、正义、理性、公正等伦理准则联系在一起，成为古希腊、古罗马人普遍的价值观，并自然而然地导入商业行为之中。

2.封建社会的商业伦理思想

欧洲封建社会的伦理思想是在封建专制制度和基督教神权统治下发展起来的。伦理学就变成了神学问题。例如，奥古斯丁的“原罪”说，认为人生来就是有罪的、无德性的，只有向上帝忏悔，才能因得到“神的启示”而具有德性，倾向于禁欲主义。中世纪的伦理学相对于古希腊、古罗马的伦理学，虽然更注意道德的准则性方面，在某种意义上可以说是进步的，但是，把道德问题完全变成神学问题，也可以说是伦理思想的一种退步。

3.资本主义社会的商业伦理思想

14世纪以后，欧洲逐渐形成了与宗教伦理思想相对立的资产阶级伦理思想。以爱尔维修为代表的唯物主义哲学家把人的所谓“感性的印象和自私的欲望、享乐和正确理解的个人利益”视为“整个道德的基础”。以康德为代表的唯心主义哲学家则力图从所谓“善良意志”或“自由意志”等概念出发来说明道德问题。虽然他们在各自的研究中都对伦理学的发展作出了一定的贡献，但是从根本上说，都没有对道德问题进行科学的认识。

资本主义社会的商业伦理思想的发展以资本主义市场经济理论的建立和发展为前提，主要观点集中于商业伦理的宏观方面，即政府和市场的关系方面。该时期商业伦理的发展主要在以美国为首的一些发达国家。20世纪60年代初至70年代末，美国经济迅猛发展，伴随而来的是出现了一系列企业经营丑闻，公众对此反应强烈，要求政府进行调查。1962年，美国政府颁布了《对企业伦理及相应行动的声明》，开始重视企业的伦理构建。此后，西方商业伦理在理论和实践上得到了发展。

4.马克思主义商业伦理思想

马克思主义伦理思想产生于19世纪40年代。马克思主义的创始人马克思和恩格斯创立了科学的伦理思想。马克思主义伦理思想的产生是人们对社会道德现象认识的一次伟大飞跃，标志着人类伦理思想进入了一个崭新的阶段。第一，马克思主义伦理思想使伦理学从唯心史观的束缚中彻底解放出来。之前的伦理学，无不处于唯心史观的笼罩下，因此，没有成为科学的道德理论。马克思主义伦理思想完全建立在历史唯物主义的基础上，以现实的社会关系，特别是经济关系来说明道德，并以此深刻揭示道德的根源、本质和规律，从而使伦理学第一次彻底冲破唯心史观的束缚，变成真正的科学。第二，马克思主义伦理思想在广泛而深刻的意义上实现了理论和实践的统一。之前的伦理学，由于历史和阶级的局限性，脱离了人们现实的道德实践，进行概念的阐述和无味的说教，主张唯心主义的道德，终究不能实现从理论到实践的飞跃。而马克思主义伦理思想来自并服务于无产阶级和广大人民群众的社会实践，因此，无论是内容还是形式都是现实的、科学的，能够成为广大人民群众改造社会和自身的精神武器，实现理论和实践的统一。

（二）西方商业伦理核心思想

西方商业伦理是在认为商业是高尚的背景下形成的，西方商业伦理则主要源于人生哲学、道德哲学和神律学。有的学者指出，新教对西方商业伦理的影响最大，是西方商业伦理的主要来源。新教主张“追求财富是对上帝虔诚的表现”和“绝对理性”的思想，促进了西方资本主义的发展。

西方商业伦理的主要原则是“功利伦理”，认为大众积极入世、勤劳致富是上帝恩典的象征，追求财富则是信仰上帝的表现。即只要是自己勤劳所得的财富都是符合上帝对人的要求的，都是可取之财。西方商业伦理同时主张禁欲，追求利益并非个人享受，而是向上帝证明自己。也提倡诚信，即认可“信用即是金钱”。西方的商业伦理强调的是“工具导向性”和“功利导向性”，如企业制定公司的伦理守则，进行专业的伦理管理，对员工进行伦理培训等。

二、中国商业伦理的发展

中国伦理思想历史悠久，独具特色，尤其是儒家伦理思想，其影响波及西方发达国家。中国商业伦理思想是一笔宝贵财富。

（一）中国商业伦理思想的发展

1.奴隶社会的商业伦理思想

从历史来看，公元前 17 世纪—前 11 世纪的人们，对道德现象认识度较高，在道德概念、道德品质范畴和道德规范形成的同时，其思想亦形成。约公元前 11 世纪—前 8 世纪时期的大政治家和思想家周公，制定了一套包括道德规范在内的周“礼”，创立了“以德配天”“敬德保民”的伦理观。这一时期的伦理思想主要反映在《尚书》《周易》和《诗经》中。公元前 770—前 476 年，在奴隶制日渐崩溃、封建制逐渐兴起的春秋时代，思想家们更注重“德”“礼”的研究，其中以孔子最为突出。孔子在前人思想的基础上，形成了以“仁”为中心的伦理思想体系。我国奴隶制社会的伦理思想研究，没有形成一门相对独立的学问，但是伦理思想往往成为这一整体思想的最核心部分。如《论语》《礼记》等书，虽然不是专属伦理学的著作，但体现了丰富的伦理思想。

奴隶社会时期，"以其所有，易其所无"，物物交换是常态。随着商品交换的发展，商朝的商业已具雏形；西周时期，经商者被要求必须公平交易；春秋时期，官工商制度瓦解，普通百姓也可以自由经商，但商人追逐利益，会出现"以次充好""缺斤少两"等行为，交易双方易发生摩擦与冲突，经过博弈，交易市场中逐渐形成"价实""足称"等标准，以此来衡量商人的行为，于是产生了商业伦理规范。

2.封建社会的商业伦理思想

从封建制度逐步确立的公元前475年—前221年到标志封建制度开始解体的1840年期间，对伦理思想的研究，广泛涉及道德的根源性问题（即人性善、恶问题），道德与利益的关系问题（即义、利或理、欲问题），个人与整体的关系问题（即群、己问题），道德行为中的自由与必然（即义、命问题），动机与效果（即志、攻或心、迹问题），道德的规范问题（即"至善"与"德目"等），以及道德教育、道德修养等问题。该时期形成了各种伦理学派，如唯物主义哲学路线的伦理学派、唯心主义哲学的伦理学派，相互探讨，展开争论，伦理思想丰富。在各种学派中，儒家学派伦理思想居于主导地位。

相比于奴隶社会，封建社会的商业伦理思想更完善。封建社会的工业、农业有了进一步的发展，促进了商业的发展。我国儒家思想对商人的影响较大。特别是西汉董仲舒提出"罢黜百家，独尊儒术"后，儒家伦理道德就支配着商人的行为，"重义轻利""诚信"等成为该时期商业伦理的核心。深受儒家"仁义礼智信"思想影响的商人在商业活动中倡导"诚交天下客，誉从信中来"，讲求"货真""价实""量足""守义"等伦理观念。

3.近代社会的商业伦理思想

从1840年鸦片战争开始，在一些知识分子中逐步兴起了学习西方的热潮，其中资产阶级启蒙思想家严复和资产阶级革命民主主义者孙中山是近代中国人学习西方热潮的典型代表。他们介绍的思想主要有社会达尔文主义、天赋人权论等学说以及自由、平等、博爱等思想。这些伦理思想虽然在旧民主主义革命时期是进步的，但是由于当时中国和世界的客观环境，这些思想并没有在中国创立独立的伦理思想体系。随着中国无产阶级的思想觉醒和力量壮大，以及马克思主义在中国的广泛传播，资产阶级的伦理思想在中国的发展以失败告终。

近代时期，西方商业伦理思想及相关价值观念对中国的商业产生了较大的冲击，商业伦理形成了"重合同、守信用"的以契约为交易基础的价值观，使商业行为建立在了规范的商业伦理基础之上。

(二)中国重要商业伦理思想——儒商伦理思想

中国传统文化源远流长、博大精深。我国贸易经营活动的历史起源很早。商朝灭亡后,商朝遗民失去贵族身份与田产,从事贸易经营并形成特色,人们便将进行贸易经营活动的人称为商人。在数千年的文明史上,中华民族在创造丰富的传统文化的同时,也形成了发达的商业伦理精神体系。中国的商业伦理思想主要来源于儒家。作为传统文化主体的儒家学说蕴含着丰富的经济伦理思想,对中国商业伦理的影响最为深远。我国儒商精神的历史十分悠久,儒家思想在产生之后,就与商业经营实践融合起来,形成了儒商伦理思想。

1.儒家伦理思想的核心

传统儒家伦理有其明显的特征:第一,儒家伦理重视"以人为本"的理念;第二,儒家伦理追求"以德为先"的精神;第三,儒家伦理主张"以和为贵"的思想。

(1)"以人为本"的商业伦理思想。

儒家对人的发现以"仁政爱民"的人本主义思想为特征,在中华思想文化史上首创了"仁学"。"仁"的最基本含义是爱人,爱人成为儒家君子修仁德的本质内容,爱人之"道"即君子"为仁"之方法,就是所谓"尽忠恕"之道。忠即所谓"己欲立而立人,己欲达而达人"。恕即所谓"己所不欲,勿施于人"。忠恕之道强调对他人在情感上和利益上的照顾,是利他思想。只有这样,人与人的关系才能达到和谐;而人际关系的和谐正是管理的基础。"不以行政,不能平治天下";"行仁政而王,莫之能御也"。

(2)"以德为先"的商业伦理思想。

"以德为先"源于儒家的"修身齐家治国平天下"的重要思想。"德者本也"就是把德放到了做人的首位。儒家伦理非常注重道德修养,其义利观、诚信观、礼法观等是现代商业伦理思想的核心观点。

"义利之辨"是儒家思想中的一个重要课题。"君子喻于义,小人喻于利""不义而富且贵,于我如浮云""以义制利,则利不变害""义然后取,人不厌其取",这些都是论述义利关系的名言。人不能不重视利,又不能不讲义,只不过要分轻重缓急,要"以义为重","先义后利",反对"先利后义""见利忘义"。《易传》中说"利者,义之和也"。只要尽职尽责地做事,那么利也就在其中了。

诚信是中华民族的传统美德,诚信作为儒家伦理思想,泛指诚实不欺诈、追求信用和信誉。孟子说:"诚者,天之道也;思诚者,人之道也。"《中庸》指出:"唯天下之至诚,为能经纶天下之大经,立天下之大本,知天下之化育。"孔子说:"子以四教:文、行、忠、信","人而无信,不知其可也","言必信,行必果"。诚信是"仁义礼智"的必然结果。

"礼"泛指各类规章制度和道德规范,与体现内在伦理思想的"仁"相比,"礼"是外在的伦理行为，它起到调节社会人际关系、促进社会安宁的作用。孔子说："不学礼，无以立。"子贡曾问："贫而无谄、富而无骄，何如?"孔子说："可也，未若贫而乐，富而好礼者也。"贫困时不谄媚，富有时不飞扬跋扈是人们起码的行为规范。"礼"是孔子判断人们行为好坏的最重要的标准，在礼坏乐崩的春秋时代，孔子特别看重礼的作用。他认为，富人只有好礼，其所取得的财富才是正当的。这对后世商业伦理的形成产生了重要影响。

(3)"以和为贵"的商业伦理思想。

儒家主张"礼之用，和为贵"。孟子认为："天时不如地利，地利不如人和。"我国"和"文化博大精深，主要可概括为以下几点。

第一，主张"和为贵，泛爱众"，重视建立和谐融通的社会秩序和人际关系。第二，主张"天人合一"，提倡人与自然和谐相处，主张适应客观规律的发展。第三，主张"和而不同"，提倡求同存异，共赢发展。第四，提倡"均贫"思想。"久也闻有国家者，不患寡而患不均，不患贫而患不均，不患贫而患不安，盖均无贫，和无寡，安无顿。"这强调了分配上的正当性问题，社会财富要平均分配以保持社会稳定，也就产生了"积而能散"的要求。

2.儒商

(1)"儒商"的含义。

儒商是儒家经济伦理思想与商业经营实践相结合的产物。儒商在历史上出现得较早，但到了明清时期，商品经济有了新的发展，"儒商"概念逐渐形成，时称"儒贾"。新安儒士汪道昆指出："余唯乡俗不儒则贾，卑议率左贾而右儒，与其为贾儒，宁为儒贾。"(《太函集》卷五十四)汪氏用了"儒贾"这个词，本是对当时社会儒士与商人相互关系的评述，但"儒贾"这个新的社会关系，实际上是确认了"儒商"这一社会群体的职业身份。

(2)儒商的本质。

儒家道义论与商人的功利追求究竟是相悖的还是可统一的，一直存在分歧。儒商群体的出现，意味着在道义和功利、儒士与商人之间架起了一座的沟通桥梁，实现了儒士和商人在价值理念上的认同和结合。因此，儒商经过从孕育到形成的演变过程，从本质上来看，儒商是儒家伦理思想与商业经营实践结合的产物。儒商在商业经营理念、经营管理等方面继承和实践了儒家伦理的基本思想。

(3)儒商的特点。

儒商，原则上都是优秀、智慧的人。

第一，有道德。儒商在继承优秀传统文化的同时，又有着时代发展相适应的道德素质和文化修养。他们坚持"做人第一，经营第二"的原则，厚重稳健、精明干练。

第二，有知识。他们有高于常人的眼光，不断学习，善于学习，注重知识、阅历的积累。他们懂得经济运行的规则并具备丰富的知识。

第三，有谋略。他们不仅有强烈的责任感和创新意识，超强的判断能力和应对国内外市场变化的能力，还有灵活的经商策略。他们有战略眼光，不断创造一个又一个新突破。

儒商有着学者的风范和智慧，哲人的思维和谋略，商人的务实和精明，又有着历史使命感和社会责任感。当他们拥有大量财富之后，必定将财富回馈于社会，在追求物质利益的同时，最大限度地实现自己的人生价值，从而达到“义利”趋同。

（三）中国商业伦理思想的典型——徽商精神

徽商，顾名思义，指的是徽州商人。一般是指徽州府所属歙县、休宁、黟县、绩溪和婺源等县经商之群体。他们是典型的儒商。明朝中后期至清朝中期，徽州地区发展成为典型的宗法社会，受特殊的历史、地理条件影响，崇文尚礼，热衷经商。深受儒家文化影响的徽商将“礼与义”融入其商业理念及价值信念中，并由此塑造出“贾而好儒”“知礼义”的徽商群像。同时，明清徽商在长期的经商实践中逐步形成为徽商主流群体所认可的思想意识、价值取向和道德操守，称为徽商精神，主要有以下几个方面。

1. 贾而好儒

（1）徽商崇儒重教。

徽州素称“文献之邦”，儒家的思想道德在徽州人的心中占有崇高的地位。徽州宗族普遍重视教育，许多家庭从小就会给孩子们灌输儒学之道。徽州的文风昌盛，“虽十家村落，亦有讽诵之声”。徽州楹联：“几百年人家无非积善，第一等好事只是读书”，“读书好营商好效好便好，创业难守成知难不难”。徽州作为一个儒风独茂之地，徽商早年多行举子业，具备较高的文化素养，后来往往因故弃儒从商，从商之后仍然保持着读书、作画、吟诗的传统。民间俗话：“读万卷书，不如行万里路；行万里路，不如阅人无数。”常年走南闯北，在商海历练，这让他们见识广博。因此，徽商中不乏博学多才之士。万历年间，徽州盐商吴彦先虽为大贾，但喜好浏览史书，纵谈古今，即便是宿儒亦望尘莫及，博得众商信服，唯其马首是瞻。事实上，清朝思想家休宁人戴震对徽商和儒学之间的关联，有着独到的见解，“虽为贾者，咸近士风”，贾就是商，士就是儒，把徽商定义成了儒商。

（2）徽商重诚信义。

徽商从小深受儒家“诚实守信、仁义礼智”思想的影响，并将其内化为一种行为准则，以此来规范自己的行为，在长期的经商实践中形成了“诚信不欺”的商道。明清徽商之所以称雄中国商界三百余年，凭的就是“诚”“信”“义”。徽商崇尚儒家之道，通过经商更好地领悟、践行儒家之道。徽商以“仁”为本。徽商把儒家思想作为经商过程中为人处世的标准，以此来严格要求自己。他们秉持着诚信经商的准则，以拥有高尚的行业道德而闻名于各个商帮之中。王阳明说过“虽终日作买卖，不害其为圣为贤”这一句名言，徽商常挂在嘴边，事实上，徽商确实有一些至诚至义之举。《光绪婺源县志》记载，徽商唐祁父亲曾经借债,后来尽管借款人丢失了借据,但唐祁还是如数偿还。但还款几天后,借款人拿着借据第二次来要账。让人更加敬佩的是,唐祁依然如数还账。在唐祁看来,第一次还账,是因为到了还债时间,而第二次还账,是因为借据是实。他两次还债,都是在践行诚信。据另一记载,徽墨老字号胡开文墨庄第二代传人胡余德曾试制出一款好墨,久浸不散,堪称墨中绝品。后来,一位买家不慎把墨掉入河中,捞起后发现墨已消融。经查,该批次墨锭墨工未按规定制作。为此,胡余德诚意道歉并赠以名墨,同时,停止此批墨的制作和销售,并高价回购售出的墨锭,再销毁。胡开文墨庄虽然损失不小,但保住了商业信誉,成就了"百年老字号"的卓越品质。

(3)徽商重视传承。

在儒家传统伦理思想的影响下,徽州人认为,只有考取功名进入仕途才是光宗耀祖的唯一正式途径。因此,除供养自家子弟读书之外,徽商对宗族教育的大力投入,也集中体现了他们对宗族传承的重视。徽商深知"富而教不可缓也",无论从商抑或行举业,教育都具有非凡意义,因此徽商崇文重教,大量捐资建设家乡,促进家乡和社会的发展。徽州书院林立,馆塾遍布乡里,呈现出"山间茅屋书声响"的景象,徽州成为明清时期全国府一级科举最盛之地,各类人才辈出。《海阳纪略》里说,南唐时期,徽州就有了书院,而自从朱熹讲学以后,宋元以来徽州书院在鼎盛时期,曾达到260座之多。书院的兴起,必然造成人才的鼎盛,在历史上,通过科举考试成为进士的徽州人比比皆是。据统计,直到明清两代,徽州状元已经有数十位之多。其中休宁一县出过状元19名,歙县出过状元6名。

(4)徽商爱做公益。

许多徽商在事业成功之后,他们往往开始回报社会,惠及乡邻。例如,徽商余士恩平日生活节俭,但在救济他人时却往往慷慨挥金;鲍志道,捐银三千两,恢复徽州紫阳书院,又捐银八千两,恢复山间书院,又捐银过万,修复古虹桥和城西五里阑干;章君策甚至把回报社会上升到了哲学的层面,他认为,造物之厚人也,使贵者治贱,贤者教愚,富者赡贫,不然则私其所厚而自绝于天,天必夺之。很显然,这些被儒学熏陶过的徽商,已经把公益和天道放在一起。

2.开拓创新

根据《徽州地区简志》的说法,徽州是"七山半水半分田,三分道路和庄园",山高路窄,交通不便。大量移民南迁,加剧了人多地少的矛盾。明清时代,在全国多数山区农村仍然保持闭锁的自给自足的经济形态时,徽商却"以贾代耕","徽民寄命于商","十三在邑,十七在天下",勇闯四方,足迹遍布宇内,素有"无徽不成镇""钻天洞庭遍地徽"之美传。唐德刚译注的《胡适口述自传》记载:"徽州人正如英伦三岛上的苏格兰人一样,四出经商,足迹遍于全国。"这不仅需要勇气、智慧,更要有创新意识。为了在商海中立于不败之地，一方面，徽商充分借助地域强烈的宗族观念，在商业组织上，构建起以血缘为核心，以血缘与地缘相结合的互利互助的商业网络，形成稳固的商帮；另一方面，徽商将徽商文化“贾而好儒”的特色运用到极致，并形成良性循环，成为一支高文化素质的商帮群体，并在商贾活动中将儒家文化发挥得淋漓尽致，用儒家伦理思想规范自己的行为并影响他人，获得商界的赞誉和信赖。徽商成为推动商品经济发展和全国性贸易市场形成的重要力量。

明清徽商在社会动荡、世事艰难、营商环境恶劣的情况下，随机应变，开拓进取，依然在商界保持了较强的实力。《太函集》记载了明嘉靖年间，安徽歙县商人阮弼在芜湖经商的事迹。他躬身力行，事业日隆，后发现浆染业商机，遂大胆设“染局”经营，其后还将分局设在其他要津，一时成为浆染业巨商。除了在国内经商，亦有不少徽商扬帆出海，创新拓展海外贸易，远至日本、朝鲜及东南亚地区诸国，甚至到达葡萄牙等地。

3.吃苦耐劳

徽商一般以小本经营起家，靠的正是坚忍不拔、勤勉俭朴、吃苦耐劳的精神。胡适曾把徽商比喻成“徽骆驼”。史料中记载，“徽之俗，一贾不利再贾，再贾不利三贾，三贾不利犹未厌焉”。徽商对商业的执着与专注，在中国商业史上极为罕见。不少徽商外出经商后，为了获得商业上的成功，往往与家人一别数载至十几载，有的甚至一生“独在异乡为异客”。这种“徽骆驼”精神世代传承，历久弥新，对于徽商事业的发展起到了极大的促进作用，不知成就了多少徽州名商大贾和科举仕宦。

4.勇闯“一带一路”

据王世华、汪广怀等学者的研究，徽商的经商范围包括“两点”和“六大区域”。“两点”是指北京和广州，这两座城市是明清徽商重点占领的市场。在北至北京、南至广州的广大区域中，徽商建立起自己绵密的商业网络。另外，徽商还不畏艰难险阻，深入四川、云南、贵州等地进行商业贸易。六大区域则是指新安江流域、京杭大运河两岸、长江中下游地区、鄱阳湖周边地区、大庾岭以南珠江三角洲地区、东南沿海地区。明清徽商通过自身的勇敢和开拓，把“一带一路”贸易路线与长江、大运河等连接贯通起来，为我国各地区的经贸繁荣和海外贸易的发展作出贡献。

第三节　商业伦理教育

商业伦理教育是指按照一定的伦理规则或道德规范，有计划、有组织地对人们施加影响，使人们接受伦理规则或道德规范，并将之转化为自己的信念，提升道德品质，自觉履行对社会的义务的教育实践活动。商业伦理教育的内容十分丰富，主要包括商业道德意识教育、职业选择教育和职业兴趣教育等。行之有效的商业伦理教育方法对提高商业伦理水平至关重要，主要有两个角度，一是教育者主动教育的方法，二是个体提高修养的方法。

一、商业伦理教育的基本内容

（一）商业道德意识教育

商业道德意识教育，就是通过教育，培养人们的商业道德情感和商业道德信念，提高人们的商业道德水平，形成良好的商业道德素质，使人们热爱自己的职业，具有职业荣誉感，从而自觉履行商业道德义务。

（二）职业选择教育

职业选择实际上是处理社会关系的一种表现，具有道德意义。选择职业是每个公民拥有的权利，是为了满足个体生存和享受以及履行社会义务、实现个人价值的需要。因此，每个人都有追求最适合自己的职业的权利。虽然这其中存在着主观愿望与客观现实之间的矛盾、个人利益与社会利益之间的矛盾。但是，职业选择教育就是帮助人们分析他们的专长和兴趣，从而帮助他们选择职业。

（三）职业兴趣教育

职业兴趣可以激发一个人的工作动机和态度。然而兴趣并不是凭空产生的。一方面，兴趣可以在实践中自发产生；另一方面，职业兴趣教育能加深人们对职业的社会意义的理解，形成对职业的浓厚兴趣。

二、商业伦理教育的方法

（一）教育者主动教育的方法

要实现理想的主动教育效果，必须采取行之有效的方法。主要有以下几种。

1.体验式教学方法

在现实社会中，对于品德、伦理问题，不能采用简单粗暴的说教或者行政处罚的方法。体验式教学是行之有效的方法之一。商业伦理教育是求知与教化的统一，应遵循理论联系实际的教学规律。教育者应该采用多种教学资源，创新教学方法，使用辩论、讨论、角色扮演与参观等多种方法来灌输道德观念，提高学生的决策力。应该较多地运用案例教学的方式，根据当下热门商业伦理事件，让学生分小组进行讨论、汇报。还可观看纪录片、庭审纪实，甚至到庭审现场聆听辩控双方的言辞，后期展开课堂讨论与辩论，从而极大地激发学生的讨论热情，提升学生的决策水平。

2.知行结合方法

传授商业伦理知识和进行商业伦理实践，是开展商业伦理教育并行的两个抓手。传授商业伦理知识，就是教育者用讲授的形式向商业从业人员有计划、有组织地灌输商业原则或道德规范等。商业伦理实践就是将商业伦理知识运用到商业实践中。商业伦理教育要坚持理论学习与实践应用并重的原则。在对实际问题的分析、探讨中，把握伦理议题识别、进行伦理判断和伦理选择的技巧，学会在面临实际问题时如何作出决策，增强实践应用能力。知识是实践的基础，实践是知识的深入，二者相辅相成，完善商业伦理教育。

3.榜样示范方法

榜样示范，即身教，也就是发挥榜样的作用。示范有以下三种形式。第一种是教师的专业伦理素养对学生起着潜移默化的作用。学高为师，身正为范。高校教师应该是知识型、技能型、道德型的人才培养者。高校应把伦理道德作为教师任职和资格认证的必备条件之一，引导教师提升自身的伦理素养。对教师的评价要兼顾教师的教学成绩和道德素质。德、能、勤、绩四项用人指标，应该将德放在考核的首位或者是将德作为教师考核的"一票否决"要素。大力表彰和奖励爱岗敬业、尊重爱护学生的教师，严惩道德败坏的教师。第二种是各级领导干部在生活中以身作则，对商业从业人员的商业行为起着示范作用。领导干部不能仅仅通过行政手段强制商业从业人员遵守商业伦理，最重要的是以身作则。第三种是岗位先进模范人物的示范。总之，榜样示范方法是一种有效的教育方法。

4.重视学校教育

商学院的毕业生是企业未来的管理者乃至经营者，是商业实践的生力军。他们的伦理素质不仅关系着自身职业生涯，更影响企业的长久运营。因此，高等院校通过商业伦理教育来提升学生的商业伦理素养势在必行。近年来，我国高校对商业伦理教育的重视程度有了显著提升，但是有些高校，商业伦理教育几乎是空白，一般只强调战略、营销、管理等。

21世纪初，美国企业界爆发的"安然""世通"事件等丑闻，使大部分企业面临信用危机乃至生存危机，布什政府宣布对制造公司欺诈行为的当事人必须逐个进行严厉的法律制裁，那些对欺诈行为的调查失职的律师、银行家和金融财会人员也将被严格追究其法律责任。"安然"和"世通"事件给人们带来的震撼强烈，以至于对商业管理的教育产生质疑，从而使世界范围内的工商管理学界又一次掀起了重视和加强人才诚信培养的高潮。

目前世界上的商学院的商业伦理教育主要有三种教育模式。(1)开设独立课程。该模式起源于美国沃顿商学院,该校第一个在 MBA 培养方案中设置了商业伦理课程模块。如今,美国 90%以上的商学院采取这种模式。在教学方面,案例教育的发展较为成熟,理论学习和实践应用并重。美国约有 80%的大型企业设立了专业伦理机构,负责企业有关伦理事务及对员工进行伦理培训。哈佛大学商学院确定了两个关于商业伦理培育的目标:一是在学生攻读 MBA 学位的两年里,注重商业伦理培养;二是鼓励学生积极参与商业伦理问题的研讨。新生入学第一课就是"商业管理的决策与伦理的价值"。(2)整合知识教育。将商业伦理的内容整合到主要专业课程中。比如,在企业管理课上引入企业承担社会责任的内容,在法律课上重视对知识产权归属问题的探讨。(3)综合教育模式。在英国,在 20 世纪 90 年代,商业伦理就被纳入管理系统,作为企业管理的一部分。商学院和管理学院在必修课和选修课中,都开设了商业伦理方面课程。有学者认为,21 世纪管理学理论发展的一个焦点问题就是管理伦理学;还有学者认为,21 世纪成功的企业必须是追求商业伦理的企业。

(二)个体提高修养的方法

从商业伦理学的角度,结合商业服务实践,在重视商业伦理教育的同时,探索商业从业人员提高个人修养的科学、有效的方法,具体包括以下几种。

1. 加强学习

学习是商业从业人员提高修养的必要方法,人们在参与社会实践的过程中,无时无刻都要学习。商业从业人员只有通过学习,才能增强知识和能力;只有通过学习,才能提高道德修养。

2. 自我反省

商业从业人员要定期自我反省,进行自我改造,这是提高个人修养的有效方法。只有找出自身的不足,才能不断提高自己。自古以来,人们都十分重视用自省的方式提高修养。屈原在《橘颂》中要求"闭心自慎";孔子的学生曾参说过,"吾日三省吾身";苏霍姆林斯基说,"一个人能进行自省,面对自己的良心进行自白,这是精神生活的最高境界,只有那些在人类的道德财富中,找到自己的榜样的人,才有希望达到这个境界"。

3. 换位思考

商业从业人员应多站在消费者的角度上考虑问题。如果自己在某个方面希望他人如何为自己服务,自己在商业实践过程中也应该按照所希望的为他人服务,即使是在无人监督的时候,仍然自觉按照道德原则和商业规范进行实践。"己所不欲,勿施于人","勿以恶小而为之,勿以善小而不为"。现代商业是建立在平等、自愿、公平、诚信的基础上的,自己不希望别人对自己做的,一定也不要对他人做。

4.落实行动

俗话说,实践是检验真理的唯一标准。提高修养的关键在于落实行动。实践出真知。商业从业人员的优秀品质和高尚道德修养只有通过商业实践才能锤炼出来。在商业实践中,要不断用实际行动来提升自己的商业伦理水平。

复习思考题

1.你是否认为商业伦理及社会责任很重要?请说明理由。

2.如何理解商业伦理的含义和本质?

3.商业伦理有哪些基本特征?

4.简述商业伦理的功能。

5.比较西方国家与我国商业伦理发展的异同。

6.现代徽商与明清徽商相比有哪些变化?

7.论述商业伦理教育的方法。

第二章

商业伦理与市场竞争

案例导引

案例介绍：苹果公司遭欧盟调查

英国《每日电讯报》报道苹果公司因涉嫌与五大出版商勾结操纵电子书价格而面临垄断调查。人们发现由于苹果公司和主要出版商勾结，操纵电子书价格，消费者可能在购买他们心爱的小说的时候，不得不花更多的钱。欧盟将调查苹果与五大出版商之间存在的“非法协议和业务”。调查的重点是书商和苹果公司采用的一种颇具争议的“中介模式”系统。

包括英国企鹅图书有限公司和哈珀·柯斯林出版集团在内的书商，通过“中介模式”为在互联网销售的图书定价，作为零售商的 iBookstore 则从中抽取佣金。这一营销模式与亚马逊网站的自由市场模式不同，亚马逊网站作为零售商批量进货，能以竞争性价格出售商品。自互联网零售商大量涌现以来，电子书价格一直在不断下降，现在的平均零售价格通常是建议零售价的七五折。

苹果公司和书商之间的这一新模式则可能阻碍竞争，被认为有可能违反欧盟的《反托拉斯法》，欧盟委员会于 2012 年 2 月 5 日宣布，已对该模式启动“正式”调查。欧盟委员会担心该“中介模式”可能会形成“价格卡特尔”和“限制性经营措施”。欧盟委员会在一项声明中说，五大书商“可能在苹果公司的帮助下，从事反竞争业务，从而影响在欧洲经济区的电子书销售价格，破坏欧洲反托拉斯规定”。

（资料来源：财经透视，参考消息，作者整理编写。）

第一节　垄断与公平竞争

市场经济和计划经济曾经是现代社会两种最主要的经济体制。当下，市场经济已经成为主流经济体制。自 20 世纪 80 年代初开始，美国、英国、澳大利亚等国家开始了以鼓励充分竞争和放松管制为特征的市场改革，自由市场理论在全球迅速扩散，自由市场一度被一些国家视为最好的经济体系。但 2000 年前后一些专家认为过度自由的市场体制，以及政府监管能力无法跟上企业创新的步伐。自 20 世纪 80 年代开始，中国、俄罗斯和东欧地区国家等开始尝试从计划经济向市场经济转型。

一、竞争与垄断

很多经济学家喜欢讨论道德问题，认为伦理经济学是经济理论的重要补充和市场经济的前提条件，只有合乎伦理才是真正“有效率”的经济体系。商业伦理规范必须与社会最高规范（自由权、安静及健康权、参与权、知情权等）保持一致。

（一）竞争与垄断市场

在诸多商业伦理准则中，自由竞争被视作市场经济运行的必要条件之一。所谓竞争“是个人、集团或国家间的竞逐。凡是两方或多方力图获取并非所有参与者都能获得的某种东西时，就会有竞争产生”。市场竞争源于资源的稀缺性，竞争者在努力选择最佳资源利用方式的同时，也必须不断争夺资源。

理论上存在完全竞争的自由市场和完全垄断市场。在完全竞争的自由市场上，任何买者和卖者都只是价格的接受者，他们都不能影响价格的确定。一个理想的完全竞争的自由市场具有四个显著特征：一是，存在大量分散的买者和卖者，其中没有任何人能占据市场支配地位；二是，买者和卖者可以不受限制地及时进出市场，所有资源在市场上充分流动；三是，任何卖者所销售的产品包括质量、性能等都是没有差异的；四是，消费者、厂商和资源的所有者掌握完全信息。在这样的市场上，买卖双方均期待以最小成本实现效用的最大化，不存在任何外部力量（如政府监管）对产品质量、数量、价格进行干预。由于不存在市场壁垒，当某一个行业能够获得较高收益水平时，新的竞争者会不断进入，迫使该产业中的厂商无法获得长期超额经济利润。在该市场条件下，存在厂商长期利益最大化的均衡点，此时产品价格等于生产该产品的社会边际消耗。理论上，完全竞争的自由市场能够实现资源最佳配置，自由竞争的结果将使市场上买卖双方实现利益均衡，最终有利于提升整个社会的福利水平。

与完全竞争的自由市场相反的是完全垄断市场。在该市场上，有两个非常重要的竞争条件消失了。第一，市场上不再存在大量的竞争者，取而代之的是唯一的卖者，该卖者可以控制市场供给数量，从而获得超过正常水平的定价权；第二，市场存在进入壁垒，竞争者无法自由进出。市场缺少替代产品，从而使“唯一”的卖者获得了垄断地位。在垄断市场上，各种生产要素，包括资金、技术、人力资源及原材料等，无法在行业间自由转换，这将阻碍产业竞争力的提升。同时，由于信息资源被控制在“唯一”的卖者手中，无法保障买卖的公平性。从资源配置的角度看，垄断市场将造成社会福利的无谓损失，不利于全社会经济效益的最大化。

真实的市场是介于完全垄断和完全竞争市场之间的两种类型——垄断竞争市场和寡头垄断市场。经济学家张伯伦和罗宾逊都对垄断竞争市场的特点进行了总结，他们的著作奠定了微观经济学的基础。

垄断竞争市场具有明显的特征：存在数量众多的竞争者，几乎没有一个卖者可以占据市场的支配地位；卖者提供的产品之间存在差异，因而可以有不同的细分市场；不同卖者之间的产品具有良好的替代性；不存在市场壁垒，竞争者可以自由进出该市场；竞争者的决策和行为是彼此独立的。在该市场上，为实现收益最大化，竞争者必须不断改善产品质量、价格和营销策略，竞争的结果使任何厂商的价格都无法影响整个市场的平均价格。更接近于垄断市场的是寡头垄断市场，该市场上参与竞争的企业数量很少，单个企业占据相对支配地位。当市场上只存在两个寡头时，称为双卖主垄断。这些寡头企业数量稀少，各自均拥有很高的市场份额；垄断者在确定价格策略时必须考虑其他厂商的反应。这是寡头垄断市场与竞争市场的重要差别。

寡头市场也存在数量和价格的竞争，经济学中的古诺模型和斯泰克伯格模型分别解释了在实力均衡及实力相差悬殊情况下的寡头竞争决策。由于寡头之间的竞争将削弱各自的利润，因此其更倾向于通过彼此串谋获得超额经济利润。假设不存在反垄断监管，寡头之间相互勾结的可能性远高于竞争的可能性。反之，情况会变得比较复杂，将出现类似“囚徒困境”的情形，与“囚徒困境”不同的是，寡头具有更强的议价能力和信息资源。除了少数情况外，寡头垄断市场的效率高于垄断市场但低于垄断竞争市场。

（二）垄断的形成

在市场经济条件下，企业享有“垄断”地位是一种“特权”，这种特权可能来自无法抗拒的技术原因或经济需要，也可能来自制度性安排。基本上，垄断分为自然垄断、经济垄断、法律垄断和行政垄断四种类型。

1.自然垄断

自然垄断的产业往往提供兼具公共属性和商品属性的产品，如铁路、公用事业、电力，基本上属于自然垄断行业，其形成是由于行业特点而不是人为因素。以城市供水供热行业为例，供水供热企业必须铺遍其服务地区的管网，如果在同一地区存在两家或更多企业提供竞争性服务，那每个厂商都必须单独铺设全部管网，这将造成资源的浪费。相反，在垄断的情况下，一旦管网铺设完毕，由于存在规模经济性效应，供水供热的边际成本随用户数量的增加而降低。换言之，自然垄断行业具有规模报酬递增的特点，少数供应商就可以满足市场的所有需求，且厂商数量越少成本越低；如果有许多竞争厂商，其平均成本将高于垄断成本。在有监管的条件下，垄断价格将低于竞争价格，而竞争则会造成社会资源的浪费。

2.经济垄断

在某一市场中，企业数量较少甚至只有一个企业。如果这些企业规模巨大，其对生产要素或产品的定价权就具有支配地位。经济垄断是随着生产、技术和资本的高度集中而逐渐形成的,通常具有高度的排他性。

早期垄断者主要是通过控制资源型生产要素取得市场垄断地位,很多资源类企业都是通过控制原材料供应而取得垄断地位。对资本和技术、知识资源要素的控制同样可以形成经济垄断,如微软等一批高技术公司在不同时期对市场的垄断,都是通过控制技术要素而取得市场垄断地位的典型案例。

但最近二三十年的企业实践表明,随着政府监管力度的增强、科学和技术创新的加速以及生产要素的全球流动,新垄断者出现的速度加快,传统垄断者的垄断格局难以维持长久。

3.法律垄断

法律垄断属于人为因素的垄断,专利权、版权等知识产权和市场特许权是法律垄断的两种主要形式。

政府有时会为公共利益而授予个人或企业排他性的专有权利(如专利权),从而形成垄断。专利权禁止其他人在没有获得专利权人许可的情况下生产某种产品或使用某种技术。法律允许专利垄断,是为了鼓励技术创新和技术进步,通过授予专利人一定期限的专利保护,使专利人能及时收回创新成本并取得创新收益。

市场特许权则是另一种形式的法律垄断。早在14世纪,英国政府就开始授予商人特许经营权。1601年,英国下议院对垄断进行了解释,“垄断一词的含义是将某种公共物品(城市或国家的)交由某一私人使用,这个使用者就是垄断者;某些具有私人利益的人同时支配公共财富,我们完全可以称这种人为巨额财富的支配者”。英国东印度公司就是一个典型的案例。市场特许一般只适用于少数行业。

4.行政垄断

行政垄断的行为主体是拥有行政权力的机构,其形成是政府直接挑选市场竞争赢家和输家的结果,通常认为行政垄断与计划经济有直接关联。胡汝银在其著作《竞争与垄断:社会主义微观经济分析》中提出了行政垄断的概念,认为行政垄断与一般市场垄断不同,是通过行政手段和具有严格等级制的行政组织而实现的,国家行政机构通过计划模式直接干预从而控制或管理企业的投入、产出,从而控制全社会的生产与流通,形成绝对垄断。有的学者认为行政垄断是国家经济主管部门和地方行政机构滥用行政权,排除、限制或妨碍企业间合法竞争而形成的。一般认为,行政垄断会直接造成市场竞争的不公平性,是一种破坏市场竞争的行为并可能产生寻租和权力化腐败等问题。

(三)垄断的伦理危害

对商业行为进行道德判断时经常考虑三个基本准则:一是公正和自由;二是社会效

益；三是经济效率。在多数情况下，垄断损害了这些基本准则，因而被认为是不道德的。只有在少数情况下，垄断才具有一定的合理性。

1. 对公正和自由的损害

理论上，在完全竞争的自由市场中，产品和生产要素的长期均衡价格等于其社会边际价值，买卖双方都只是价格的接受者。在这种情况下，卖者仅需考虑自己的生产和成本，买者仅需考虑自己的预算，双方都不受任何胁迫或压力，可以按照自由意愿以公平的价格进行交易。但垄断市场则不同，在一个不受监管的垄断市场中，垄断者可以凭借其市场支配地位自行定价，从而获得超过公平水平的超额利润。此时，交易的另一方就处在不利地位。该垄断者既可以是唯一或少数卖者，也可以是唯一或少数买者。假定垄断者可以同时在产品市场和要素市场上占有垄断地位，则可以在产品市场获得高额利润的同时在要素市场"决定"要素价格（通过减少或增加要素的购买影响要素价格），从而获得更高的超额利润。垄断者通过操纵产品和要素市场价格而获取超额利润的做法，显然有违公平、正义原则，损害了与之相对的买方和卖方的权利。

2. 对社会效用的损害

垄断虽然是垄断者能够提高产品价格获得超额利益，但将减少整个社会的福利。考虑只有一个垄断者的市场，假定由该垄断者替代完全竞争产业中所有厂商的产品，并且假定完全垄断和完全竞争两种市场具有相同的成本曲线。在完全竞争市场，所有厂商按照某一价格 P 生产一定数量 X 的产品，可以获得利润最大化；在垄断市场，垄断者按照高于市场的价格生产数量低于 X 的产品，可以获得利润最大化。竞争市场长期均衡时产品的价格等于其边际社会成本，实现了资源的最优化利用；在垄断市场的长期均衡点，垄断后的价格高于正常的市场价格，而产品数量小于完全竞争市场的数量。显然，消费者必须支付较高的价格，同时获得较少数量的产品。这也意味着社会生产能力没有得到充分利用，资源配置效率低于竞争市场，整个社会福利水平下降。

3. 对经济效率的损害

垄断不仅降低社会整体福利水平，垄断者的效率还会受到影响。在垄断组织中，技术性低效率是一种普遍存在的现象。莱宾斯坦使用"X－非效率"理论来解释为什么垄断者在给定条件下无法达到最大产量（低效率），他认为产生这一现象的原因在于大型垄断企业组织内部资源配置的非效率性。

由于享有垄断利润，企业内部利益集团的行为不受竞争的约束，倾向于偏离组织目标而追求个体或小群体利益，从而导致组织缺乏竞争力。例如，经理人可能为获得更大的管理权势以及提高自身的报酬而盲目扩大组织规模；管理层为获得员工的支持，可能会放松企业的内部管理，其雇员的劳动效率也随之降低。为此，企业必须投入更多的监管成本来改善工作效率，而监管者本身就可能是低效率的。

二、竞争与垄断背景下的伦理问题

市场竞争中的主要利益相关者包括企业及其供应商竞争对手、研发咨询机构、股东投资者、用户、政府第三方团体和自然环境等，与之相关的伦理问题有很多，这里我们重点讨论与垄断和不公平竞争相关的不道德商业行为，其中以寻租、不公平价格竞争和非价格竞争最为常见。

（一）寻租行为

垄断导致寻租行为的增加。一些企业为获取垄断地位，可能通过贿赂、游说等方式，对立法和政府机构施加影响，以建立不利于竞争对手的市场壁垒。环境寻租与腐败是天然的损友，观察涉及腐败的案例，在缺少透明机制和有效监管的情况下，腐败、商业贿赂和垄断几乎总是如影相随。商业贿赂是指采用现金、财物或其他手段，收买交易对象以获得交易机会或有利的交易条件。商业贿赂经常与权力化腐败联系在一起，可能发生在企业和政府关系、企业与企业关系及企业与消费者关系中的所有环节。腐败与贿赂还经常伴生私下交易和其他欺诈行为的发生。

（二）不公平价格竞争

价格竞争中的不道德行为主要表现为价格操纵、排他性协议和搭售、价格歧视及倾销等。

1.价格操纵

价格操纵是指占据市场支配地位的垄断者，利用垄断地位或者相互串谋人为推高产品价格，操纵产品价格，其手段主要是串谋操纵和转售价格控制。

串谋操纵是垄断或寡头垄断市场的价格操纵行为，通常都具有较强的隐蔽性。转售价格控制（Retail Price Maintenance，RPM）是一种纵向价格控制的方法，指上游生产商（供应商）与下游经销商（分销商）以契约形式限定最终销售价格水平的行为。转售价格控制损害了经销商的自由定价权，减少了消费者剩余。通常，转售价格控制不但是不道德的商业行为，而且在很多国家也是非法行为。

2.排他性协议和搭售

排他性协议不允许经销商销售其他供应商的产品或者向指定地区之外的其他地区销售产品。对排他性协议的道德评价具有不确定性，因为此类协议既可能消除经销商之间的竞争，也可能促进单个经销商与其他产品经销商之间的竞争。通常情况下，排他性协议如果不损害自由竞争和消费者利益，就不被视为不道德的商业行为。

搭售则是指垄断者利用其支配地位，强制经销商搭售其他产品的行为。搭售实质上是对商业伙伴利益的剥削，是一种不被接受的不道德商业行为。

3.价格歧视

所谓价格歧视，是指垄断者凭借其市场支配地位，对不同的消费者执行不同的价格策略，很多时候是基于种族、年龄、性别、国籍、信仰等原因而给予特定群体不公正的待遇。价格歧视分为如下三级。

三级价格歧视是指垄断者对在可以分割的不同市场或人群中销售的同一种产品执行不同的价格。这些市场的需求弹性存在显著差别，通过区分不同市场的定价，垄断者可以实现利润最大化。

二级价格歧视又称为批量定价，是指垄断者对一定数量的产品执行一种价格，另外数量的同一种产品则执行另一种价格。二级价格歧视剥夺了部分消费者剩余。

一级价格歧视是指对每多销售的一份产品都执行不同的价格。理论上完全的一级价格歧视将剥夺所有的消费者剩余，这种情况在现实中很难发生，但存在类似的情况。

差别定价是与价格歧视经常混淆的另一个概念，在市场营销中，差别定价是经常采用的方式。价格歧视因其有损消费者的公平和自由选择权而被认为是不道德的竞争行为。

虽然人们对公平内容的理解可能有所差别，但公平原则所要求的机会公平、等价交换是判断的关键。价格歧视与差别定价之间的最大差别在于不同价格的产品(或服务)成本是否相同。出现价格歧视时，相同成本执行不同销售价格，而合理的差别定价则是因为相同的产品有不同的边际成本。例如，供电公司销售“谷电”和“峰电”、旅游业“淡季”和“旺季”、民航业“日航”和“夜航”价格的差别，通常都不会被看作价格歧视。在实践中，很难用简单的指标判定是否存在价格歧视行为。例如，一些跨国公司在中国市场销售的产品，相对于海外市场经常存在质次价高的问题，这可能是价格歧视，也可能是因为在中国销售的产品其总成本较高。

4.倾销

倾销是指为将竞争对手排挤出市场，以低于成本的价格进行销售的行为，这被认为是严重干扰市场竞争的行为。根据商务部发布的数据，截至2010年，中国已连续16年成为全球遭反倾销调查、连续5年成为全球遭反补贴调查最多的国家。仅2010年就遭遇贸易救济调查66起，金额高达71亿美元。世界银行公布的数据也显示，当年全球47%新发起的贸易救济调查和已完成的贸易救济调查案件针对中国。倾销的界定需要若干基本条件，其中以低于成本价格销售并对竞争者造成损害是最主要的两个判定条件。

在全球贸易摩擦中，反倾销诉讼是经常被采用的手段之一。对于未取得市场经济地位的国家，通常会采用市场化国家平均水平或近似国家的市场价格进行估算。由于主要的发达国家尚未承认中国的市场经济地位，在反倾销诉讼中，中国厂商经常处于被动地位。

很多时候，由于存在过度的价格竞争，企业不得不极力削减成本，结果造成产品（或服务）品质和安全性能的普遍下降，市场上充斥着劣质产品（或服务），这同样属于不当竞争行为。这种不当价格竞争的后果，往往是由整个社会而不是单独的某一个或几个企业来承担。在这个问题上，厂商、政府以及其他利益相关者都应探讨自身在其中所起的作用。

（三）非价格竞争

非价格竞争也是市场竞争中常用的手段。厂商使用非价格竞争手段，通过产品的差异化吸引目标客户。其改进产品的努力体现在从提高产品使用功能、改进产品服务到提高品牌知名度、提升产品的文化价值等不同层次，涉及产品创新和性能的改善、产品设计和包装的改进、广告与市场推销等多方面。非价格竞争的根本目标是实现厂商利润最大化，只要边际的改进成本低于边际收益，厂商就可以从改进中获益。非价格竞争可以使厂商更努力提升消费者满意度和忠诚度，并驱使市场更接近于竞争市场。非价格竞争中同样存在不道德的商业行为，这些行为的产生与竞争环境和竞争状态企业组织伦理文化、决策者的个人道德水平等有密切关系。非价格竞争中的不道德行为包括欺诈、偷窃、胁迫与诽谤。

1.欺骗行为

以虚假信息进行欺诈是常见的不道德行为，一般分为商业混同行为和欺骗行为两种方式。

商业混同行为是指采用假冒、仿冒、伪造等手段，使自己的产品或服务与其竞争对手相混淆，从而获得不正当的竞争利益。其中，假冒、仿冒是指在自己的劣质产品上假冒他人的商标、品牌，误导购买者从而获取利益；反向仿冒，即在自己所有的他人产品上标示自己的商标。有些竞争者会故意用劣质产品仿冒他人的产品，从而达到中伤、打击竞争对手的目的。

欺骗行为则是将产品标上不真实的服务质量标志、产地或其他标识。此外，契约欺诈行为在商业竞争活动中也经常发生。欺骗行为经常采用广告或其他方式进行不真实的公开宣传，诱使购买者对产品或服务产生不正确的认识，从而作出错误的判断和决策。

2.偷窃行为

商业竞争中的偷窃行为包括侵犯商业秘密和知识产权等。违反约定或者违反权利人有关保守商业秘密的要求，以不正当手段获取、披露、使用他人商业秘密或者允许他人使用通过不正当手段获得的商业秘密以及不合法使用他人知识产权等都属于不正当竞争行为。互联网的普及使雇佣黑客窃取商业秘密的行为日增。虽然没有确切的统计数据，但是很多公司宣称其商业秘密曾被黑客窃取。

侵犯商业秘密和知识产权是竞争中比较普遍的不正当行为,但也经常有竞争者会故意夸大以作为指责对手的借口。随着中国企业竞争力的增强,国际上有越来越多的竞争对手喜欢以此打击中国竞争者,因此,中国企业不仅自身应避免此类不当行为,还需努力避免被卷入此类纷争。

3.胁迫与诽谤行为

胁迫行为具有隐匿性,在很多国家的经济发展历程中,如建筑业、运输物流业,都曾存在胁迫交易行为。商业诽谤则是指捏造、散布虚假事实,损害竞争对手商业信誉、商品声誉的不正当竞争行为。

三、政府的作用

伦理经济学家认为理论上完全竞争市场可以自动解决伦理问题,因而不需要政府干预。但现实经济中不存在真正的完全竞争市场。由于垄断、不完全信息等形成的市场失灵,政府需要进行适当干预以保障公平、自由竞争。

(一)基本观点

《资本主义制度4.0》曾一度登上畅销书排行榜。作者宣称该书之所以受到欢迎是因为人们在寻求变革,这本书的主题为"市场与政府的关系该如何演变"。

2008年的环球金融危机使人们重新认识政府与市场的关系。即使在公众对政府干预有着天然厌恶的国家,也有相当多的声音支持政府干预。在政府与市场关系的诸多主张中,反垄断干预被认为是政府最重要的职责。

1.政府与市场的关系

研究政府与市场的关系,其本质是研究政府在干预市场资源配置中的作用。在不同的市场体制下,政府干预的形式和力度截然不同。

完全计划经济体制下的资源配置完全由政府负责。高度的中央集权使企业在市场活动中缺乏自主权,政企高度合一,社会缺乏商业竞争,从而导致经济效率低下。

目前,世界上多数国家采用市场经济体制,政府对市场的干预是多种多样的。如果将自由经济制度和国家干预视作两个极端,市场经济体制大体上分为自由市场经济、社会市场经济和政府诱导型市场经济。

自由市场经济以英美最为典型,主张政府调节市场环境,市场引导企业,企业是微观经济活动的主体。政府干预主要体现为对垄断的监管,以保障自由竞争。

社会市场经济又称莱茵模式。1957年,艾哈德与阿尔马克在发表的《来自竞争的繁荣》一文中提出,市场经济不是放任的市场经济,市场自由应与社会保障相结合,必须从社会政策的角度加以控制。社会市场经济以鼓励竞争、限制垄断、稳定货币和价格、促进全民繁荣为目标，政府调节市场环境的同时将社会因素纳入经济管理中，将市场自由与社会平衡相结合，在诸如反垄断、劳工保护、社会福利等方面，政府控制的力度较自由市场经济更强。

政府诱导型市场经济主要以东亚国家为代表。在政府诱导型市场经济中，政府在调整市场环境中起着关键性作用，经济计划和产业政策是政府干预市场的重要手段。政府对垄断干预较少，甚至为推动经济发展而主动促成某些行业垄断的形成。例如，日本在20世纪50年代曾经通过政策指引，推动企业集团的合作与合并。

中国作为一个正在努力完善市场经济体制的国家，政府对市场的干预力度和干预能力仍然是世界上最强的国家之一。政府承担的经济职能涵盖资源配置、稳定经济发展、维护市场秩序、调整收入分配、协调国际经济关系、提供公共产品等各个方面。对国有企业的管理，也是其重要职能之一。

尽管政府与市场的关系复杂而多变，但政府干预应以反垄断监控为重点，干预保障市场竞争环境的公平性，这一观点已经得到广泛认同。

2.反垄断干预

反垄断干预是各国政府调整市场竞争的主要手段，其重点主要集中在对企业兼并扩张和市场垄断的限制，19世纪末20世纪开始出现反垄断法。1889年加拿大的《禁止限制性贸易合并法》、1890年美国的《谢尔曼法》是较早出台的反垄断法律，日本也出台了《反不正当竞争法》、德国出台了《禁止私人垄断和确保公正交易法》。

我国对垄断的干预是从反不正当竞争开始的。2007年8月，我国通过了《中华人民共和国反垄断法》(2008年8月1日实施)，对垄断协议、滥用市场支配地位、经营者集中政权力排除和限制竞争、对涉嫌垄断行为的调查、法律责任等方面进行了规定，用法律形式明确禁止具有竞争关系的经营者达成固定或变更商品价格、限制生产或销售数量、分割市场或限制购买和开发技术、设备以及联合抵制交易等垄断性协议，禁止滥用市场支配地位从事高价销售或低价购买产品、倾销产品、搭售、价格歧视等活动，并对市场支配地位进行了明确界定，“一个经营者在相关市场的市场份额达到1/2的，两个经营者在相关市场的市场份额合计达到2/3，三个经营者在相关市场的市场份额合计达到3/4的，被推定为具有市场支配地位”。该法案还对经营者集中的申报问题进行了规范。法案的另一重要之处在于其对政府行政垄断进行了明确的定义和禁止，对从立法上反对行政垄断具有积极的意义。

3.其他干预

除反垄断干预外，政府对影响市场效率的其他因素，包括信息不完全、外部性及公共产品、市场不完全等，也需要进行干预。

首先是对信息不完全的干预。政府是否应当对信息不完全问题进行干预以及如何干预，对这一问题学术界还存在一定的争议。经济学家德鲁克认为，凡是能够通过市场解决的问题，政府都不应进行干预。很多经济学教材喜欢用旧车市场交易作为例证。在旧车市场上存在所谓劣币驱逐良币的效应，但为了达成交易，买卖双方可以采取更积极的措施，向市场发出信号来消除信息不完全的弊端。世界各地的旧车市场一直存在至今并运行良好，这就证明市场有能力进行自我调整。但也有很多经济学家认为在医疗、卫生、公共服务等具有重大社会影响的行业，政府应发挥积极干预作用。在市场经济条件下，信息透明是自由竞争的重要基础，因而很多国家通过了阳光法案和信息自由法案，以保障公民和市场竞争者能获得充分、公正和自由的信息。

其次是对外部性的干预。所谓外部性是指经济活动对他人造成影响但未计入市场交易成本和价格中的部分。外部性既有正外部性(有益的)，也有负外部性(有害的)。在现实中，社会边际成本和边际收益经常会发生背离，从而使负外部性产品的生产数量过高而正外部性产品的数量过低，因此，政府需要通过税收、补贴、数量管制以及制定标准等方法进行干预。也有一些经济学家认为可以通过明确私有财产权解决外部性问题(朱善利，1999)。

再次是对公共产品的干预。公共产品是最需要政府干预的领域之一。公共产品因其非排他性和非抗争性，无法靠竞争市场提供，但公共产品的缺乏将严重影响社会经济运转效率，因此，公共产品必须由政府提供。公共产品分为纯公共产品(具有完全的非排他性和非抗争性)、准公共产品(具有部分非排他性和非抗争性)和拟公共产品(采取公共产品支出方式的私人产品)。虽然多数公共产品由政府垄断，但有些公共产品，如公用事业等，具有公共服务的性质，却并不排斥私人市场。

最后是对不完全市场的干预。不完全市场是指即使消费者愿意支付高于生产成本的价格，仍无法提供相关产品或服务私人的市场。此类市场一种是风险较高的市场，如老年人健康保险市场、地区性农业保险市场等。以农业洪涝灾害保险为例，如果没有政府干预，很少有商业保险公司愿意承担此类业务，一个显而易见的理由是，如果保费过低，保险公司很难从中赢利；如果保费过高，则失去保险意义。在这些高风险市场上，政府干预显得很有必要性。另一种是互补性市场，在互补性市场还没有建立起来之前，需要政府进行规划和支持。例如，落后地区在引进外来投资者创建新的产业时，由于本地资源供给能力不足，有必要通过政府的适度干预提供相应的支持。

(二)政府干预“失灵”及政府干预的伦理问题

政府干预也存在“失灵”和伦理问题。如何在发挥政府干预的积极作用的同时，避免或减少政府干预“失灵”及伦理问题的产生，一直是经济伦理中讨论的热点问题之一。

1.政府干预失灵

著名经济学家、诺贝尔奖获得者斯蒂格利茨曾提出政府干预的优势：政府可以通过征税监督生产、行使行政权力禁止某些宏观上的无效率活动、实施比私人合同更严厉的处罚，以及政府作为常设性组织存在交易费用的优势。但斯蒂格利茨同样也指出，政府本身并不是市场的理想替代品，其本身的弱点同样可以导致公共失灵问题。例如，针对自然垄断产业的干预，政府可能通过引入激励性管制加以调整，但在激励过程中存在发生不道德行为的可能性，比如，在实施特许投标、价格管制的过程中可能存在投标企业之间合谋、管制机构寻租的风险，这些风险都可能导致腐败和效率低下。

经济学家认为政府只有垄断才能解决政府失灵问题，公众也要求由政府垄断的活动，如国家安全武器生产、社会秩序、市场规则等。德鲁克认为，“凡是非政府组织能够做得更好，或者能做得同样好，那么这个工作就不应该由政府来承担”。对政府作用的关注，需要从重视政府应该做什么转向政府能够做什么以及如何做。

2. 政府干预的伦理问题

约翰·罗尔斯在其《正义论》一书中指出：“公正是政府的中心组织原则，政府干预的伦理问题是政府干预中的核心伦理原则。”这就需要对政府的角色进行明确界定和规范。对此，卡罗尔和巴克霍尔茨提出了政府扮演的十种角色：制定游戏规则者、政府采购调控企业行为者、企业的主要创办人和补贴发放者、庞大数量的生产性设备和财富的把有者、经济增长的缔造者、财政（金融）家、社会不同利益的保护者、企业的监管者、社会意识的储蓄所和为达到社会目标的资源再分配者。

政府在干预市场活动时，强调集体主义的伦理观。某种程度上，政府与企业的伦理存在系统性的冲突。企业强调个人主义伦理观，强调追求自身利益最大化，在差异化中寻找机会，而政府伦理则强调整体目标和利益的达成，强调社会正义和公平。

中国是世界上国有企业数量最多的国家之一，政府在干预经济活动时如何对国有企业尤其是具有市场支配地位的国有企业进行管理，是社会高度关注的伦理问题之一。国家为维护社会安全、经济安全和增进社会福利，在一些特殊行业利用国家强制力形成垄断，因此，这些垄断企业在建立之初应该以履行社会目标和社会责任、增进社会福利最大化为目标，而不是片面地追求利润最大化。国有垄断企业的社会责任问题、国有企业与民营企业之间的公平竞争问题，都是政府干预的重点。

政府干预也有一定的禁区，例如，政府不能干预公民合法行为的主动性、合理发展的多样性和创造性。政府干预的伦理问题还包括政府信用问题。社会信用水平是一个社会信任程度的反映，是社会经济发展的重要道德支柱和条件。良好的政府信用，意味着必须对政府以及政府官员的行为进行道德规范。政府信用则是建立在公众对政府的合理期待以及政府对这种期待的回应基础上的一种互动、合作关系。政府如果不能建立良好的信用，就很难保障对竞争环境干预的公正性和有效性。

许多政府问题研究者认为，政府必须在官僚主义行为和企业家行为两级之间寻找最合适的位置,“用企业家精神改革政府”。斯蒂格利茨也认为,政府应慎用垄断,减少直接运作,在公共部门中引入竞争,并通过信息公开、阳光法案等措施促进政府失灵问题的解决。

第二节　合作、公平与信任

英国经济学家约翰·穆勒曾经指出,如果一个社会不存在信用基础,或者由于存在普遍的不安定感和信任缺乏,就无法运用资本为社会创造财富,从而使社会交易成本增加。如果极度缺乏信任,甚至会无法实现市场交易。在现实的商业竞争中,商业伙伴关系的维护与合作、信任及公平的伦理原则密切相关。信任是整个社会的最大资本,没有任何东西比信任更具有实用价值。

一、商业合作的伦理基础

企业与其商业伙伴的合作是通过建立直接或间接、长期或短期的合作关系,为实现共同的商业利益而形成的。良好的合作关系能使双方分担风险,分享信息,共享利益,实现双赢或多赢。在商业合作中,诚实信用、公平交易和利益共享(风险分担)是合作的伦理基础。

(一)诚实信用

信任是企业合作关系形成的基础,信任的存在可以降低合作双方的风险,保证未来的利益。考虑到合作中风险的存在,如果合作的一方相信对方不会采取机会主义行为,则意味着对另一方的信任。如果双方都相信对方不会采取机会主义行为,则建立了彼此信任的关系,其信任程度将直接影响合作关系的建立、合作的质量和长久性,进而影响参与合作者的竞争力。

现代商业活动虽然以契约关系为基础,但信任仍然是其中最关键要素。首先订立契约本身需要信任基础。其次,即使是非常明确的契约,也不可能穷尽所有细节,订约人是否遵守商业惯例和一般性守则,严重依赖于彼此是否信任。随着时间的推移,信任逐渐累积在订约人的商誉中,从而加深信任的基础,建立更为长期的合作关系。

信任的维护与合作伙伴的能力、声誉有关,也与伙伴之间的合作规则是否规范、契约的合理公平性以及合作双方在合作过程中的制度性因素等有密切联系。在合作过程中,如果不能减少机会主义行为或者合作的利益不断被弱化,则合作将无法维持。

(二)公平交易

公平也是商业合作的一项基本道德义务和伦理规范。在合作中占有支配地位的商业伙伴是否愿意与其交易对象进行公平交易直接影响合作的质量以及合作关系是否具有稳定性和长期性。不公平的商业合作很难持久。虽然在短时间内，占有市场支配地位的一方可以获取更多利益，但是如果合作的相对方难以从合作中获取稳定的、可持久的收益，则会退出合作，或因无法维持长期生存而难以继续合作。在这种情况下，占有优势的一方将因更换合作伙伴而支付相应的成本。如果频繁更换，则成本可能超过短期收益。

（三）风险分担和利益分享

在诚实信用和公平交易基础上建立合作伙伴之间的风险分担和利益分享机制，有助于建立长期的商业合作来增强合作集团成员的竞争力。

美国劳动统计局发布的《劳动评论月刊》的数据显示2006年中国劳工小时工资为0.81美元，仅为欧盟的2.2%、美国的2.7%、日本的3.4%，甚至低于非洲国家；2009年，全球制造业每小时工资水平最高的为挪威53.89美元（不含社会保险）；美国为33.53美元，位居第20名；中国台湾地区7.76美元，位居第37位；同期我国上半年全国城镇单位在岗职工平均工资14638元。国际劳工组织2012年发布的对全球72个国家工薪阶层收入的最新统计显示，按照购买力平价法计算的中国雇员月平均工资约为4134元人民币，不足72个国家平均水平（9327元人民币）的一半，在所调查国家中位列第57位。虽然数字不能说明一切，但仍能在某种程度上显示各个国家在个体竞争力上的差异。

风险分担和利益共享有助于维护合作伙伴之间的长期关系，但伙伴之间能否以及是否愿意建立这种长期关系，则具有不确定性。同一企业对不同的合作伙伴也可能采取不同的合作原则。四通公司与三井商社的采购价格战就是一个例子。

四通公司成立于1984年5月，是中关村最早的科技企业之一。1985年，四通公司总经理万润南和总工程师王辑志开始与三井物产合作，共同开发中文文字处理机。按照双方约定，研发投资由三井物产提供，合作后四通公司每年将从三井物产进口10万台打字机硬件；如果开发失败，四通公司将进口其他设备抵偿日方损失。

三井物产本身并无研发能力，因此，它向四通公司推荐了三种合作方式：一是与类似索尼等技术实力强大但开发费用高的大公司合作；二是与开发费用较低但技术实力稍差的小公司合作；三是与代工企业（OEM）合作。四通公司最终选择与一家名为“ALPS电气株式会社”的OEM开发商进行合作。该公司是三井—住友财团的关联公司，所生产的电脑键盘占当时全球总产量的16%，专门为索尼、三洋等公司提供制造、研发的外包服务。

1986年4月，开发工作顺利完成，四通公司在中国市场推出了四通MS2400打字机，第一年即销售7000台；次年推出了更为先进的MS2401。1987年，双方合资成立了

“四通办公设备有限公司”,总投资100万美元,四通公司和三井物产分别占有75%和25%的股权,三井物产负责为四通公司在日本采购MS2401打字机SKD散件,综合报价为700美元。四通公司以其他公司名义进行询价后发现,如果单独向其他公司采购,价格总计约为300多美元,远低于三井物产的报价。

四通公司要求三井物产分项报价被拒绝,双方僵持一段时间后,三井物产同意向四通公司分项报价,但不再承担对零组件进行品质管控的任务。结果,分项报价远高于此前四通公司的询价价格。这之后,四通公司开始正式向富士通等零组件设备供应商询价采购,但此时富士通等对四通公司的报价由150美元/台变成了300美元/台,与三井物产的报价一致。其他公司的情况基本类似,四通公司自行采购的成本仍然为700美元/台,且公司需要承担散件的质量检验成本。四通公司此时发现,三井物产与其零组件供应商或者同为三井财团成员企业,或者是长期合作伙伴,四通公司无法打破三井与这些零组件供应商的价格联盟。

在本案例中,存在两种不同的合作关系:三井物产与四通公司、三井物产与日本零组件供应商公司的合作关系。在三井物产与四通公司的合作中,尽管双方成立了合资公司,但三井物产显然没有与其实现真正的利益共享和风险分担的意愿,双方的合作最终也走向破裂。而在三井物产与日本其他企业的合作中,其合作伙伴拒绝按照市场价格向四通公司报价,也是基于和三井物产的长期合作关系,通过彼此串谋,获取了市场利益的最大化。当然,这里面显然存在的与价格歧视和价格串谋相关的不道德行为,这是另一个需要讨论的问题。

三井物产对中方和日方合作伙伴采取的不同态度显示,三井物产在两个不同的合作机制中有完全不同的利益关系,其与日方的合作更持久、更紧密。如果不考虑价格歧视和中方商业经验不足的问题,三井物产的合作机制是非常值得学习的,也是中国企业之间所缺乏的。

二、商业欺诈与信任危机

(一)不道德行为

商业欺诈是商业活动中比较常见的一种不道德行为,主要是指在商业活动中采用虚构、隐瞒信息或者其他不正当手段误导和欺骗利益相关者,使其合法权益受到损害的行为。按照最高人民法院的解释,欺诈包括三个要件:一方当事人故意告知对方虚假情况或者隐瞒真实情况;当事人作出了欺诈行为;被欺诈一方因该行为而作出错误的意思表示。法律上一般将为从他处获取利益而故意对事实或真相进行错误表述的行为视作欺诈,包括明示或暗示的撒谎或隐瞒真相的语言和行为在内。需要指出的是,并不是所有的商业欺诈行为都能够在法律上被认定为非法。有些欺骗行为设计巧妙,很难被发现,有些即使被发现也很难认定。

商业欺诈的形式多种多样,涵盖了一般性的欺骗行为和重大诈骗案件,包括供应商、银行、顾客以及企业本身在内的不同群体,都可能成为欺诈的对象。商业欺诈可能来自企业外部,也可能来自企业内部。常见的商业欺诈行为包括价格或产品质量欺诈、财务欺诈、契约欺诈、信用欺诈和其他形式的欺诈。

一是价格或产品质量欺诈。价格欺诈通常是指利用虚假或不真实的价格条件,诱使买方或卖方与其进行交易的行为;产品质量欺诈则是指所提供的产品或服务质量中存在欺骗和舞弊行为,如虚假标志(质量或数量)、假冒伪劣产品等。类似的欺诈行为还包括通过媒体、邮购、会议营销、雇佣他人进行欺骗性诱导销售等。

二是财务欺诈。美国注册会计师协会将财务欺诈定义为:在财务报表中蓄意错报、漏报或泄露,以欺骗财务报表使用者。财务造假是一种非常严重的商业欺诈行为,甚至很多知名公司也存在财务造假问题。信息技术、网络技术和金融创新产品的不断出现,使财务欺诈早已不是简单的会计造假问题。

三是契约欺诈。契约欺诈又称合同欺诈,是指故意告知对方虚假情况或隐瞒真实情况,与他人订立或履行合同,谋取非法利益的行为。在不道德的商业行为中,契约欺诈的比例较大。当订约双方在信息、市场势力方面相差甚远时,欺诈行为发生的概率更高。

四是信用欺诈。信用欺诈在新兴的商业模式,如电子商务中更为常见。商业信用在商业活动中非常重要,一些企业或个人为了获得交易对象的信任,采用伪造信用的方式骗取信任。

五是其他形式的欺诈。知识产权在企业竞争中的作用日益提高,尊重并合理、诚实使用合作伙伴的知识产权,也是诚实信用的重要表现。在合作中窃取或非法传播合作者的专利、工业设计等知识产权及商业秘密,都被视为严重的欺诈和偷窃行为。企业内部也存在如支出欺诈、盗用资产、贿赂、收受回扣、投标造假、薪酬诈骗等多种形式的欺诈行为。例如,一些厂商经常为了获得商业合同而故意在商业谈判中压低报价,在签署合同后再设法"调整"质量或价格。实际上,这是一种欺诈行为,即使能够获得短期"利益",也仍然是得不偿失的。

(二)欺诈背后:信任危机

按照唐纳德·卡瑞塞提出的欺诈三角理论,只有在动机、机会和理性程度三个因素共同作用下,才会发生欺诈行为。从理性分析的角度,当欺诈成本低于收益时,欺诈行为就合乎理性。此时,只要有动机和机会,就会发生欺诈行为。欺诈行为的频繁发生折射出社会信任危机的普遍性。

在过去的几年中，由于发展中国家新药测试成本低且监管松懈，很多西方制药公司把印度这样的发展中国家当作了新药物试验场。

据英国《独立报》报道，2005 年放宽对药物试验的限制后，新药测试业务的规模迅速扩大。在印度，有超过 15 万人参加了至少 1600 项临床试验，涉及阿斯利康、辉瑞和默克等欧美公司。2007—2010 年，印度有将近 1730 人在试验期间或其后死亡。而这样的试验总值可能高达 1.89 亿英镑。例如，博帕尔毒气事故的幸存者在不知情的情况下也成为试验品，参加了药物公司至少 11 项的试验。此外，警方对印多尔的调查中发现，该市一家政府医院的医生，私下进行的药物试验违反了道德规范。据该报称，印度只是西方制药厂利用的许多发展中国家之一，这些药厂在 2010 年的研发费用达到 400 亿英镑。

按照医学界的伦理要求，制药公司必须在志愿者充分理解试验目的、潜在风险并同意的情况下才能对其进行药物试验，在发达国家进行药物试验，制药公司通常还必须支付一笔不菲的保险费用。即使在这种情况下，西方国家的患者仍然是相当谨慎的，一旦在药物测试中出现问题，制药公司还将面临高额索赔及法律诉讼问题。

为了节省药物试验成本，规避本国监管，很多西方制药公司将药物试验转移到发展中国家进行，这里所揭示的问题仅是冰山一角。

商业欺诈行为屡屡发生，反映的是商业信用和职业伦理的缺失。商业信用，就其本质而言，是商业活动的参与者之间的相互承诺和信任。如果过度追求利益最大化，使商业信用降至底线以下，整个社会则会弥漫着不信任的空气，信任危机的出现就成为必然。以食品行业为例，消费者抢购国外原装奶粉，国内奶粉品牌仅占 10%的市场份额，这显示了消费者对国内奶粉品牌严重缺乏信任，集体性恐慌随时可能出现。

在实际交易中，如果市场足够大，信息的充分性就无法保证。这种情况下，如果大多数人偏向于诚实守信，则交易者会偏向于诚实；如果缺乏社会信誉基础，则会偏向于欺骗或者不订约。在普遍缺乏信任的社会中，为了达成交易，参与交易者必须花费更多的成本才能获得交易对象的信用信息，这必然造成经济效率和社会整体福利的下降。

传统中国社会是集体主义社会，信任是通过家族和朋友圈子建立起来的，契约的信任作用较低。但这一点并不能解释为什么在现代商业活动中会发生商业诈欺行为，这些行为不仅针对陌生人，很多也发生在熟人之间。“杀熟”一词就形象地描述了这种状态。

商人的行为不可能脱离其生存环境，所谓“橘生淮北则为枳”。商业活动中诈欺行为的发生固然与商业信用缺失有密切联系，但其后的深层次制度性原因，包括企业生存和竞争环境、不同社会阶层的向上流动空间、社会公民意识和社会伦理氛围等更值得探讨。

第三节 商业贿赂与权力化腐败

一、商业贿赂

商业贿赂历史悠久，形式纷繁复杂。在某些国家，商业贿赂甚至成为商业惯例，被隐晦地称为“标准商业的传统做法”。控制、消除商业贿赂，是商业竞争监管的一个重点，也是商业伦理管理的重要内容。

（一）商业贿赂及其表现

在商业经营活动中，一些场景可能是大家司空见惯的。例如，业务员为了达成交易，将自己的提成暗中分给交易对象；采购经理私下索取回扣，向交易对象提供商业信息索取佣金；公立医院的医生参加医药代表组织的海外学术研讨会；国有企业高级雇员的子女在商人朋友的安排下赴国外攻读学位；企业为解决员工子女入学问题向名校缴纳“捐资助学款”；供应商进入大型超市缴纳“通道费”等。

所谓贿赂，按照桑亚尔在《商业伦理杂志》上发表的说法，是指“提供或允诺某种交换从而影响负有某些官方责任的人士履行其职责”的行为。贿赂可以是现金、其他形式的金钱利益或者其他非金钱利益，如正面的舆论宣传等。

按照《关于禁止商业贿赂行为的暂行规定》第二款，商业贿赂是“指经营者为销售或购买商品而采用财物或者其他手段贿赂对方单位或者个人的行为。前款所称财物是指现金和实物，包括经营者为销售或者购买商品，假借促销费、宣传费、赞助费、科研费、劳务费、咨询费、佣金等名义，或者以报销各种费用的方式，给付对方单位的财物。第二款所称其他手段，是指提供国内外各种名义的旅游、考察等给付财物以外的其他利益的手段”。

经济学家维拉凯茨将商业贿赂定义为“企业外部人士向企业雇员提供报酬以使该企业外部人士或其所属企业从交易中获得好处”，商业贿赂的行为主体不仅是企业及其雇员，还涉及政府和其他专业人士。现代商业贿赂具有如下典型的特征。

1. 普遍性与全球化

商业贿赂问题普遍存在，很少有国家能够完全幸免。据《中国经济周刊》援引原监察部的数据，2005 年 8 月至 2009 年 12 月，全国立案查处的商业贿赂案件为 69223 件，涉案金额为 165.9 亿元人民币，其中涉及公务员的案件 12899 件。一些以清廉著称的国家如北欧、德国等，其跨国公司在海外的运作都曾涉及海外贿赂问题，西门子公司所涉及的全球商业贿赂案就曾轰动一时。

2009 年 7 月，美国司法部公示，CCI 公司因涉嫌海外贿赂被罚款 1.82 亿美元，CCI 于 2003—2007 年在 36 个国家行贿 236 次，金额超过 685 万美元。随后，美国司法部于 2010 年 4 月公布戴姆勒公司将支付 1.85 亿美元的罚款和赔款。戴姆勒公司在长达十年的时间内，向 22 个国家的政府官员支付了约数千万美元的商业贿款。

2.隐蔽性及手段多样性

由于各国加大了反商业贿赂相关立法和惩处力度，商业贿赂表现得较以往更具隐蔽性，行贿手段也不断翻新。

“白手套”是最近几十年兴起的间接行贿方式。一些大公司通过与第三方(主要以咨询公司和商业顾问的形式存在)签订商业咨询合同以规避行贿风险；向行贿对象及其子女家人提供参加海外学术会议机会，提供海外攻读学位奖学金、海外移民服务等方式，也使反商业贿赂监管难度加大。更为隐秘的形式还包括在维京群岛等地设立“纸上公司”，给予亲友股权等。期约行贿，即事后行贿，向相关人员允诺高薪职位等，也相当常见。由于期约行贿在证实授受者的利益关系方面难度更高，因此，监管难度更大。

(二)商业贿赂产生的动因

虽然商业贿赂具有全球性与普遍性特征，但商业贿赂的对象主要还是发展中国家。分析商业贿赂产生的原因，以下几个方面尤为突出。

1.竞争环境

竞争环境不完善以及监管的缺失对商业贿赂是一种变相激励，特别是权利集中和垄断性行业，由于市场竞争的公平性难以保证，厂商在价格、质量或者服务方面的努力难以与贿赂相匹敌。通过贿赂获得商业利益，比通过价格、质量或服务竞争更容易达到目的。这使厂商更愿意在商业贿赂方面展开不公平竞争。逆向选择的结果是市场上越来越充斥价格昂贵但质量低下的产品和服务，其原因是商业贿赂的成本被计入产品和服务的价格。

商业贿赂在监管力度较弱的国家和地区更为盛行，观察西门子全球贿赂案，无论是在西欧国家还是在亚洲、非洲、拉美国家，行贿的重灾区总是缺乏监管、信息透明度低的地方。在这些地方，商业贿赂行为有时甚至不影响企业的商誉，反而在某种程度上是企业“实力”的一种体现。考虑到这些地区商业贿赂的机会成本非常低，商业贿赂行为频繁发生就不足为奇。

2.组织及个体的道德因素

将商业贿赂视为潜规则的组织中，行贿和接受贿赂已经成为一种习惯。在这种情况下，组织及其个体成员在竞争中也更倾向于采用贿赂作为解决问题的捷径或辅助工具。

组织价值观和个体道德水平的改变是潜移默化的，即便是有着良好企业文化和悠久传统的组织也必须不断强化原有的价值观并加强对其雇员的监控。例如，美国一些投资银行(简称“投行”)的业务人员在入职前至少要经过两个月的业务培训，其中之一就是如何避免陷入商业贿赂，包括请客平均不得超过100美元，赠送礼物超过许可的数额必须填写详细清单后永久存档等，因此，投行被称为“最抠门的”“一毛不拔”的交易对象。但即便是这样，投行在最近几年仍然连续爆发了系列的商业欺诈丑闻，而过去从未涉及的商业贿赂问题也开始出现。民间谚语说“种豆得豆，种瓜得瓜”，企业及其雇员有什么样的价值观，就会有什么样的道德表现。

3.“企业需要”

有时候企业采用商业贿赂的手段，可能是出于所谓的“企业需要”。这一类企业可能面临某些急迫性问题，而商业贿赂是一种“低成本”“方便”的解决办法。“企业需要”经常被一些企业或其管理者用作商业贿赂的遮羞布。现代社会是一个竞争的社会，任何企业，包括国有垄断企业、跨国企业，在市场上都会面临不同的竞争需要。如果允许所谓紧迫状态下的“企业需要”成为商业贿赂的理由，那么常态的“企业需要”也可以成为理由，商业贿赂在自觉不自觉间就会成为常态。

4.社会文化差异

从行业分布情况来看，商业贿赂发生概率较高的主要是垄断程度和进入壁垒较高的行业。

从国家和地区来看，在欧洲国家中，法国、西班牙的行贿概率相对较高，其他的高概率国家和地区主要集中在东亚、东南亚、南亚、中东、非洲和拉美地区。而在东亚地区，商业活动经常是在家族朋友圈子内进行，人际关系颇为复杂，很多大家习以为常的商业惯例会被用作商业贿赂的手段。如果商业贿赂被视为某一地区的潜规则，该地区就被标记了贿赂文化的印记，当新企业进入该地区时，也可能选择“入乡随俗”，以商业贿赂作为敲门砖。

某些地区的传统文化，“人情往来”和“礼物”几乎是日常生活和商业活动必需的，商业贿赂和商业惯例之间的分界并不清晰。有时的确很难区分这种行为是否属于商业贿赂。谨慎处理贿赂和商业惯例是职业经理人必须考虑的问题。正如决策模型所讲，道德的内省也许是最佳的工具。当某些行为无法在阳光下进行或者会让自己和亲朋好友感到尴尬时，这肯定不是一个最优的选择。

企业经理人在评估贿赂收益时，应该正确认知所谓的文化差异，毕竟没有多少人喜欢或者愿意容忍贿赂行为，海外贿赂也是一种高风险的行为。对此，有些国家采用零容忍态度，规定本国企业在全球任何地方进行商业贿赂都是违法的；有些国家则只要求在本国不得从事商业贿赂行为。这种态度上的差别，本质上也是不同国家和地区商业文化的一种反映。

（三）商业贿赂的影响及其治理

商业贿赂不仅破坏了市场竞争的公平性，还损害了涉贿企业自身的竞争力。

1.对市场竞争公平性的破坏

商业贿赂盛行的直接后果就是损害市场竞争的公平性，而公平的竞争环境是保障经济效率和社会福利实现的基础。以医药市场的集中采供为例，因商业贿赂问题的存在，药品价格居高不下。一些药品的出厂价格和市场零售价格之间甚至相差十数倍。

商业贿赂帮助行贿的厂商或个人获得了较其他竞争者更为有利的市场竞争条件，包括获得特定的许可、进入特定市场、高价竞标等，从而在市场上淘汰资源效率更高、供应价格更低或产品与服务质量更高的厂商，这削弱甚至毁坏了市场以最优方式配置资源的能力。

2.对企业自身竞争力的损害

商业贿赂不仅对竞争环境有负面影响，还对企业自身有消极的影响。允许采用商业贿赂的企业必须支付高昂的道德成本，还必须忍受可能产生的其他负面影响。在这些企业中，雇员可以以所谓“公司利益”行使不道德的手段，更有可能采取不道德手段达到个人目的。商业贿赂的存在和被容许将直接造成企业自身的管理问题。贿赂是一把“双刃剑”，所谓“伤敌一千，自损八百”。商业贿赂作为一种不道德的竞争工具，在损害竞争对手的同时，也损害行贿组织自身。

商业贿赂除了增加组织成本外，还会造成不良的事前预期。拥有惯用贿赂名声的企业通常更容易成为索贿者勒索的目标。商业贿赂的另一负面作用体现在贿赂本身的成本和风险方面。商业贿赂的对象通常是掌握某些关键资源的内部人士或者官方人士，当受贿者本身的胃口变得越来越大的时候，贿赂的成本可能比收益大得多。但由于贿赂已经成为惯例，行贿者即使想要改变行为习惯，也几乎不可能成功。另外，在一些政治风险较高的国家，当权者不断更迭，以商业贿赂手段得到的合同是否能在下一个执政者手中履行也是未知数。商业贿赂的出现概率与权力化腐败密切相关。解决商业贿赂问题的同时，必须解决权力化腐败问题。

二、权力化腐败

2009年一篇名为《需要警惕的十大趋势》的文章中指出：当代商业环境的整体格局已经发生巨大变化，政府开始越来越多地干涉原本应由企业管理人员和董事会作出的决策。随着政府干预企业竞争的能力日益增强，宏观政策早已成为影响企业竞争地位的决定性因素之一。企业家因政府所掌握大量资源而必须与其建立密切往来，企业家30％以上的时间和精力都用于和政府部门打交道。

在日益紧密的政商关系中，权力化腐败经常导致公共权力的不当使用或滥用。国际货币基金组织（IMF）就明确界定，“腐败是政府官员为了谋求个人私利而滥用公共权力”。该定义指出构成腐败的三大基本要素：一是，腐败的行为主体是政府官员等掌握公共权力的人员；二是，腐败涉及滥用公共权力；三是，其目的是谋取个人私利。

权力化腐败的产生与公职人员谋取私利的动机有关。中国的传统文化在这方面有其两面性。传统儒家文化的“吾日三省吾身”“我善养吾浩然之气”“威武不能屈，富贵不能淫”等“士”的基本精神，是入仕者抵御腐败的内在动力。但在漫长的历史文化中，所谓“刑不上大夫”的思想又使权力几乎不受社会公众的监督。脱离公众监督的公共权力仅靠“士”的精神是无法持久的。更何况中国的知识分子在秦汉以后已经慢慢失去了“士”的精神实质，宋元以后的“士”更逐渐蜕变为“官员”而已。官方典籍有“学而优则仕”，民间俗语则有“朝为田舍郎，暮登天子堂”“学成文武艺，贷与帝王家”“千里为官只为财”“三年清知府，十万雪花银”的说法。知识分子与权力阶层越接近，越丧失“士”的本质。在这种文化背景下，将公共权力视为私人牟利的工具也就见惯不怪了。

由于公共权力的使用与公共资源配置、市场监管密切联系，权力化腐败的根本还是来源于“权力寻租”，斯蒂格勒称其为“管制需求”，其本质是公职人员通过权力干预改变市场配置资源和社会公平分配来实现非生产性利益。公共权力的使用失去控制是权力化腐败产生的基础。没有监管的权力是可怕的，相反，在有效监管之下的权力，即使有强烈的动机，也难以形成事实上的腐败。在对公共权力监管严格的国家中，权力化腐败问题产生的概率低得多。

（一）权力化腐败对市场和竞争的影响

1.对自由竞争的影响

权力化腐败的存在直接限制了市场的自由竞争，运用公共权力改变商业竞争的秩序，将导致极为严重的后果。在商业社会中，尤其是公共权力干预经济能力较高的商业社会中，公共权力对资源配置的影响远大于私人企业，因此公共权力寻租对经济效率和整个社会福利所造成的损失也更具毁坏性。观察世界各国的经济发在权力化腐败盛行的地区，市场竞争的公平性以及市场本身的活力都难以保障，《福布斯》杂志连续数年评选全球最佳营商环境，中国内地地区在2008－2010年的排名分别为第79名、第63名和第90名。在2010年的评选中，丹麦、中国香港、新西兰、加拿大、新加坡在128个国家和地区中名列前5名。《福布斯》的评价指标，除税制、投资者保障、贸易和货币自由度、知识产权、技术等指标外，廉洁也是关键指标。

2. 商业贿赂

权力化腐败加剧了商业贿赂问题。在权力化腐败盛行的地区,商业贿赂也随之相伴相生。

3. 地下经济

地下经济或称黑色经济,是权力化腐败的另一副产品,是游离于官方监管之外的经济行为,也被称为"平行经济"或"第二经济"。虽然地下经济中也含有部分合法经济,但灰色经济甚至黑色经济在其中占据了较重的比例。以俄罗斯为例,20 世纪 90 年代中后期,在私有化实施过程中,由于权力失控,权力阶层与某些灰色和黑色的经济力量结合,在权力化腐败的庇护下,大量国有资产被侵占,黑色经济也迅速繁盛。根据俄罗斯内政部的统计,1999 年各类黑社会控制了 40%的私人企业、60%的国有企业和 50%以上的银行。大部分私人企业被迫向黑社会组织支付占利润 10%～30%的保护费。地下经济与权力化腐败的密切联系不只发生在改革时期的俄罗斯。在权力化腐败盛行的地方,就有黑色经济存在的空间。权力化腐败是黑社会生成的沃土,何清涟将这种现象称为基层社会的"非组织化"和"软政权化",黑社会对经济的控制将极大损害中国经济改革的成果。

(二)国有企业的权力化腐败

与私人公司的商业贿赂和侵占不同,国有企业的权力化腐败所造成的损失将直接转嫁给全社会。这降低了经济效率和社会福利,也是对社会公平和正义的直接剥夺。在某种程度上,我们可以这样说,国有企业的权力化腐败是最不道德的行为之一,其危害与官员腐败和市场垄断不相上下。

三、监管与企业决策

(一)监管与控制

权力的"滥用"是腐败的原因之一。"虎兕出匣,兄弟阋墙",失去监控的权力需要重新被管理。在治理商业贿赂和权力化腐败问题上,应采取零容忍态度,严格禁止商业贿赂,打击权力腐败;此外,阳光法案和信息透明被普遍认为是最有效的监管手段。通过反贿赂法对商业贿赂的行贿者进行监管,也是解决权力化腐败的重要手段。一些国家要求企业必须建立内部控制机制,预防商业贿赂包括海外贿赂的发生。

1. 司法监管

《联合国反腐败公约》将商业贿赂的对象定义为"不正当的好处";某些地区则将其定义为抽象的"不当的利益",一些即使未影响其职务履行的不正当利益也被视为腐败;我国的《刑法》《反不当竞争法》及《对外贸易法》等专项法律也明确了相关规定。2011 年生效的《刑法修正案(五)》增加了海外贿赂条款,中国企业在海外的商业贿赂行为被列为刑事犯罪。

对腐败的司法认定有利于控制腐败问题的产生,认定门槛的高低则影响打击腐败的力度。美国在 1977 年颁布了《美国海外反贿赂法》(FCPA,又称《美国海外反腐败法》),该法几乎是全球最严厉的反贿赂、反腐败法案。与一些国家反腐败法仅针对本国管辖区域生效的规定不同,FCPA 规定,任何依美国法律成立或主营业地设立在美国的法人或其他企业组织、美国公民或定居在美国的自然人、在美国上市及受 SEC 监管的法人、在美国境内的外国公司或自然人,均受该法案管辖。换言之,任何设立在美国的企业和自然人(无论是否为美国企业或自然人)以及美国企业或自然人在海外任何地方的贿赂行为都属于刑事犯罪。不仅如此,FCPA 还规定,美国公司或自然人对经其授权的海外雇员及代理人的行为负责。

与一些国家从行贿行为是否达成目标来判断行贿是否成立不同,FCPA 规定只要有行贿的意图,无论是否完成行贿或是否达成行贿目标,都构成违法,包括提供或承诺支付,委托第三方支付任何有价事物,这些都属于贿赂。对外国官员的定义也相当宽泛,外国政府、国际组织、国有企业、立法机构、皇室成员等任何代表官方身份的机构或其雇员,都包含在海外反贿赂法的管制对象中。

海外反贿赂法实施以来,美国司法部在打击美国公司海外贿赂方面不遗余力。西门子全球行贿案的被起诉就是其中的一起。根据《华尔街日报》的报道,仅 2009 年就有至少 120 家公司在接受美国司法部的调查。海外反贿赂法对涉及贿赂和腐败的惩处,除了司法诉讼外,还包括禁止其参与美国政府采购等措施。

2.信息透明

对商业贿赂和腐败的监管,除立法与政府监管外,信息透明也是一个重要的方面。各国制定了不同类型的阳光法案,包括政府信息公开、官员财产申报制度等,通过信息公开,强化社会监督的作用。

除外部监管外,组织内部的控制机制也不可或缺。内控机制更多地体现在企业防止商业贿赂相关政策的制定和业务流程的规制中。从企业内部监管的角度,解决腐败和贿赂问题的三个关键问题如下:如何发现贿赂和腐败的存在并确定问题的严重性?如何在企业内部控制贿赂和腐败问题的发生?如何在企业业务链中杜绝腐败和贿赂问题?

3.发现问题

企业内部尤其是公司 CEO 对腐败和贿赂问题的认知和警觉性决定了公司发生问题的可能性。如果一家企业的文化和价值观与社会期盼相距甚远,公司发生腐败和贿赂的概率就会提高。企业经理人应充分认识到企业道德投资是预防风险并避免公司陷入困境的利器。

4.反贿赂文化

强有力的企业文化是遏制企业贿赂和腐败行为的环境基础,企业需要建立与其管理体系有机结合的文化、道德准则、沟通和教育体系。一家公司既需要有创造力、竞争力、团队精神和忠诚意愿,又需要有相互尊重、透明规范的沟通环境以及公平、尽责和信任的伦理道德体系。这些基本准则不仅是企业内部的价值观,还应该是企业与其商业伙伴共同的价值观;不仅应该是全体雇员的价值观,还应该是股东和高管团队的价值观。

5.内控政策

明确的反商业贿赂政策是企业避免商业贿赂的第一步。明确的政策包括反对商业贿赂的内部文化和价值观(企业禁止一切商业贿赂行为)以及相应的政策体系。制定细化的反商业贿赂政策条款是第一步。此外,企业还需要保证对企业管理者、雇员和代表企业的其他人士进行充分培训,使其了解企业的政策;对商业贿赂的风险进行评估,了解商业贿赂对企业的潜在负面影响。

6.内控流程规制

仅依赖建立诚信政策还无法保障企业组织及其雇员与商业贿赂绝缘,完善的具备高度可操作性的内控流程规制也是必不可少的。

内部流程的完善包括具体的操作指南、权力制衡、审计及信息沟通等方面。以采购环节为例,公司是否建立有完备的供应商选择与询价机制、合同管理机制、验收机制等,与能否有效预防商业贿赂的产生有直接关系。一些公司建立了合格供应商体系,并形成了规范化的运作管理体制以及详细的操作规程,发生商业贿赂的概率相对降低。权力制衡与审计体系的完备则是内部控制的另一方面。所谓"尧为匹夫,不能治三人;纣为帝王,足以乱天下",权力必须受到约束和监控,对工作职能进行细化并建立权力制衡体系,也可有效降低贿赂和腐败风险。

一些国家的法律也要求企业建立反商业贿赂规则。例如,英国规定,如果在英国经营的企业发生商业贿赂问题,首先需要审查该公司是否建立了相关规制。如果企业没有建立符合英国法律规定的制度体系(合规制度)来抵制商业贿赂,则不仅当事人应承担法律责任,企业也要承担预防腐败不力的责任;如果公司已经建立了合规制度,则可以获得责任减轻。

(二)企业决策

商业贿赂违反公平正义的最高原则,在绝大多数国家和地区都被视为不道德行为而遭到禁止和打击,但商业贿赂仍然被一些企业及管理者视为不可或缺的竞争手段。

一些经理人甚至争辩，在某些地区贿赂和腐败已经是文化的一部分，如果不支付贿赂，就无法进入这些地区。而这些市场往往又是快速成长中的新兴市场，没有哪个企业愿意放弃这些市场，贿赂只是企业不得不为之的临时性选择。

从我国的实践来看，尽管刑法修正案已经将跨国商业贿赂入刑，但很多海外销售人员依然认为，在欧美等成熟市场中或许用不着贿赂，但在一些独裁主义国家或贿赂盛行的国家，放弃这一手段就意味着无法进入市场；有时候企业可能在与当地伙伴合作过程中，不知不觉卷入贿赂行为中。某些企业甚至会主动寻找当地的"白手套"间接完成交易，一些经理人认为这是两全其美的方法。但是，无论是对企业还是经理人来说，这种想法都是危险的。世界银行定期发布因涉嫌商业欺诈和贿赂而在一定时间内被禁止承接世界银行项目的黑名单。

复习思考题

1. 垄断对于商业伦理的危害表现在哪些方面？
2. 商业欺诈的类型与危害有哪些？
3. 思考政府应该如何监管商业贿赂与权力化腐败？
4. 企业面临商业贿赂时应该如何决策？

第三章

商业伦理与劳资关系

中粮可口可乐缘何成为“最佳雇主”？

日前，中粮可口可乐饮料有限公司（以下简称：中粮可口可乐）在北京大学企业社会责任和雇主品牌传播中心联合智联招聘共同主办的“2015 中国年度最佳雇主”评选中，再次获得“最佳雇主”的殊荣，此项荣誉被称为全国企业雇主品牌建设的试金石。身处竞争激烈的快消品行业，中粮可口可乐是如何在保持业绩高速增长的同时树立良好的雇主形象呢？

1.理想雇主

有调查表明，企业若想成为社会公认的理想雇主，除了在针对员工本身的组织管理上拥有绝对优势外，雇主形象已经成为员工心中最重要的衡量指标。而企业是否拥有良好的发展前景、是否高度重视自身的社会责任则成为员工评价其雇主形象优劣的两大核心要素。

2.广纳贤才

中粮可口可乐的人才体系为优秀人才提供了广阔发展的平台。中粮可口可乐注重校企合作，关注大学生成长，开展高校实战训练营、高校就业形象大使等活动，给大学生提供了展现自我的机会。

3.搭建平台

优秀的企业需要有优秀的人才价值观。中粮可口可乐致力于员工培养及能力发展，在专业力、领导力及通用技能方面均开设了丰富的培训课程，并不定期开展主题工作坊和项目历练，这对员工综合能力的提升及中可团队整体竞争力的增强具有积极意义和明显成效。

中粮可口可乐建立的职业发展路径及管理体系，为每位员工量身打造职业发展规划，并全面实施员工个人能力提升计划。

4.凝聚人心

长期以来，中粮可口可乐致力于团队专业力和凝聚力的提升，为奋斗于此的员工营造了激情、阳光和包容、进取的工作氛围。对外赢得企业美誉度，对内关注人才发展，给员工带去归属感和幸福感，正是中粮可口可乐倡导的理念和努力方向。早在 2005 年，中粮可口可乐就已经被相关机构评选为大学生心目中的“最佳雇主”；近年来，中粮可口可乐不断荣获“最佳雇主”“人力资源管理典范企业”“人才发展计划奖”等殊荣，这些荣誉是对过往作为的肯定，更是对未来的鞭策。

（资料来源：《人民日报海外版》，作者整理编写）

第一节 组织中的商业伦理关系与契约关系

商业组织中的契约关系是指劳方、资方和政府的策略选择与集体行动，是三方之间的冲突、合作与权力的相互影响，这种相互影响将对雇佣关系的内容和规则、资源的使用和分配产生重要影响（鲁塞弗尔达特和菲瑟，2000）。雇佣关系所涉及的利益相关者包括雇主、雇员、雇员组织、雇主协会、第三方组织及政府等，其中所涉及的伦理问题因国家和地区间的文化、法律、商业习惯的不同而有很大差别。雇主与雇员关系是雇佣伦理问题的核心。

雇员是指受雇于个人公司或其他组织，由雇主提供工作场所、劳动工具及劳动报酬，按照雇主要求向其提供劳动和服务的人员。通常意义上的雇员包括除了公司或其他组织的所有者之外的人（含管理层和普通雇员），管理层是雇员阶层中比较特殊的群体，他们依据对所有者的信托责任而管理公司或其他组织，有关管理层的道德问题本书有专门章节涉及，本章不再讨论。

一些传统的管理者认为雇佣中的伦理问题就是雇员的服从问题，但我们讨论雇佣关系中的伦理问题，并不是为了强调雇主对雇员的管理和控制。与商业伦理领域的其他问题一样，在雇佣关系中，伦理管理的核心问题是维护公平、正义和利益相关方的平等权利。应该指出的是，道德和伦理中至高无上的准则是提升“人”的幸福和福利。无论是对雇主还是对雇员来说，文明而有尊严地工作都是讨论雇佣伦理的前提条件。

雇主与雇员的伦理关系建立在雇佣契约基础上。因此，在讨论雇主和雇员的伦理关系及道德责任时，通常都强调对契约的尊重和遵守，而他们相互责任的底线被设定为契约责任。

一、雇员的契约责任

当代公司治理研究通常都特别强调雇员对企业组织的伦理责任，这种责任来自于雇主之间的契约。与管理层的信托责任相类似，雇员同样应遵循相应的工作伦理（也称为“职业伦理”）。而工作伦理的核心是雇员努力工作以达成公司目标并获得薪酬增长与职业升迁，雇员需担当起勤勉审慎、忠诚于公司目标的责任，不能为谋求个人利益而损害公司利益。

雇员的不道德行为可能比较轻微，也可能演变成严重的违法行为，其表现形式包括工作敷衍不尽责，与公司存在利益冲突，假借工作职能接受礼物，甚至接受商业贿赂或敲诈交易对象、窃取公司财物、泄露公司商业秘密等，这些都属于严重程度不等的不道德行为。

从契约责任的角度出发，雇员只要遵守了公司制定的伦理规范和伦理守则，就被视为尽到了道德责任。一般性的伦理规范通常要求雇员应勤勉、忠诚、可靠，具有主动、负责的工作态度和良好的团队合作精神，而尊重公司文化和具有良好工作技能也被视为重要的伦理规范。

二、雇主的契约责任

与雇员责任相对应，雇主也应承担相应的契约责任。在劳资关系比较偏向于劳工保护的国家，雇主责任更强调公平和公正地对待雇员，尊重雇员的尊严和保护自由权利。

所谓"公平和公正"，主要是指避免一切不合法的歧视，包括因年龄、性别、种族、宗教、政治信仰、社会观点的不同而遭受歧视性待遇，因个人健康、相貌等而遭受差别化待遇。公平和正义还体现在雇员有获得与其劳动相称的薪酬及人道待遇，其福利薪酬应与雇员的能力相一致，并能支持其达到并保持与社会其他成员相一致的生活水平。从根本上说，这不仅是雇主对雇员的责任，还是企业长期竞争力之所在。按照美国产业竞争力委员会的解释，竞争力不但要在全球市场上向顾客提供满意的产品和服务，而且要能够不断改善雇员的福利，包括持续增长的工资薪酬和良好的工作环境，以使雇员获得尊严和幸福感。

由于文化、价值观不同以及经济发展水平存在差异，不同地区对雇主伦理责任的要求有相当大的差距。在一些发展中国家，侵犯雇员基本人权和个人尊严、雇员缺乏基本工作条件等问题还非常严重，更遑论雇员参与、经济民主等权利了。

中国企业的雇佣伦理同样面临诸多挑战。自20世纪80年代开始，中国开始逐渐向市场经济国家转轨，公司内部伦理环境发生了很大变化。一些人错误地认为市场化就是公司所有人(股东)的利益至高无上，或者认为管理者可以为所欲为；另一些人则几乎从不考虑雇员对组织的忠诚问题。很多时候，雇佣双方都将雇佣关系看作一种简单的等价交换，在股东利益和雇员权益保护两个方面，都存在诸多伦理失范现象，这些都反映了雇佣伦理的真实困境。

在过去的100多年中，历经了西学东渐和新文化运动，传统的伦理观念已经无法束缚一般民众。我们的伦理困境在于旧的关系消失了，新的规则还没有完全建立起来。反映在商业伦理中，最明显的问题就是旧的基于家族、亲缘和血脉的信任消失了，新的基于陌生人社会和商业契约的信任尚未形成，伦理虚无主义成为一种普遍观念。信任缺乏和伦理失范现象同样存在于雇主和雇员关系中。在接下来的章节中，我们将分别讨论雇佣伦理的变化趋势、存在的问题以及伦理困境的解决。

第二节　劳资关系的新趋势、新问题

提高劳动生产率、增加企业边际收入，是企业取得竞争优势的重要手段，而这离不开雇员的努力，因此，建立良好的雇佣关系对改善雇员表现有重要作用。随着当代社会的政治、文化和经济环境的改变，虽然规范雇佣关系各方的道德基础没有改变，公平、公正和权力平等的原则仍然是最核心的道德，但雇佣双方对彼此关系的性质、彼此的权利与义务的认知却发生了巨大的变化。理解、把握和顺应这些变化，是建立良好雇佣关系的重要前提条件。

一、雇佣关系:超越契约

在传统的劳资契约关系中，雇主与雇员的责任和义务更多强调"等价交换"，即建立在公平和正义基础上的价值交换。进入 21 世纪后，随着年轻一代的成长，新的雇佣关系开始主导劳资关系。人力资本价值的提高、雇员自我意识的觉醒、工会组织和其他利益相关者的参与以及社会整体氛围的变化，都促成了伦理环境的悄然改变，而伦理环境的改变正是推动雇佣关系发生改变的重要力量。在这种形势下，雇主与雇员的关系早已超越了契约的限制，具有了更丰富的内容。

(一)劳动者自我意识的觉醒

在传统思维下，劳动者仅仅被视为管理的对象。在数千年的中国传统社会中，"民可使由之，不可使知之"被统治者视为治理普通民众的座右铭。惠民政策是历代统治者的共同选择，而劳动者自身也安于被治理的状态。民间有句谚语:"宁为太平犬，莫做离乱人。"这除了表达平民百姓对太平世界的向往之外，也传达了无力感。随着现代民主和平等观念的普及，当今的雇员早已不再将自身定位于被动的劳动工具了。相较于祖辈，年轻一代的雇员更强调人的尊严和社会参与，单纯的经济报酬已经不能满足他们的需求。雇员对企业的忠诚，更多源于平等伙伴关系的建立而不是支配与被支配、管理与被管理的关系。

(二)人力资本的重要性日益增强

人力资本作为最重要的知识资产，在企业竞争中的作用日趋突出，这使得雇主与雇员之间的合作方式也开始产生变化。雇员，尤其是关键岗位上的雇员，有能力更多参与公司利益的分配，这一点对于那些技术创新和知识管理对企业发展有决定性作用的公司来说，尤其如此。在这些企业中，嵌入员工头脑中的隐性智力资本，与资金、技术同等重要甚至更为重要，雇员也因此更容易获得与雇主平等的权利。同时，这样的雇员也更加关心薪酬之外的其他利益：他们更愿意参与公司事务，更追求公司的民主化进程，也更有能力推动雇佣双方的平等合作与雇佣关系的变革。

（三）工会与劳工团体

工会是最主要的雇员组织，其力量强弱对雇员权利的影响较大。例如，第二次世界大战之后的德国，在其社会管理中特别强调经济民主化。劳工理事会和工会的双重体制保障了雇员的权利和对企业事务的参与。1972年1月通过的《劳工法案》规定劳工理事会代表雇员利益并从雇员中选举产生，其成员有固定薪酬且不受雇主与管理层威胁，代表雇员协商工时、弹性工作、加班、工资、解雇、工作安全、激励、建议机制等一切与雇佣条件有关的事项。劳工理事会下设经济事务委员会，代表雇员了解公司财务、生产销售状况、投资计划、项目变更、组织变革、公司合并及工作方式变动等情况并可在无法和雇主协商一致时申请仲裁。工会代表雇员与雇主谈判基本工资和工作条件，并拥有举行罢工的权利。德国公司采用管理委员会和监督委员会双重治理结构，劳工理事会和工会成员在监督委员会中占50%的席位。一位德国企业家曾经自豪地说："即使大街上发生骚乱和罢工，也不会有雇员从监督委员会中退出。"工会和劳工团体的参与，有助于雇员在劳资关系中发挥较大作用，并对政府相关政策的制定和实施产生作用。

（四）社会氛围与第三方力量

在雇佣关系的天平中，雇主和雇员利益的制衡与社会氛围有直接关系。第二次世界大战后，以西欧和北欧国家为代表的社会市场经济国家不断提高社会福利水平，雇员权利受到高度重视。因此，西欧国家的雇员享有较多权利。自1949年以来，中国雇员的雇佣条件由政府统一制定转向市场配置，同时有大批农民离开土地进入产业工人的行列。在市场经济的最初阶段，社会更强调雇员的市场属性而不是社会属性。随着市场经济的深化，平衡雇主和雇员权利与责任的观点开始被逐渐接受。一些第三方组织及多家非政府组织，陆续发起了企业调查活动，对跨国企业及其供应商进行监督，并产生了较大的社会影响，这些活动迫使雇主改善员工工作条件、提供公平雇佣契约。

（五）政府

政府政策对调节雇佣关系至关重要，在发展中国家尤其如此。在发展中国家，雇员在与雇主的博弈中经常处于弱势地位。一些企业为追求利益最大化而忽视雇员基本权益的情况时有发生。在有些企业，甚至连不歧视雇员、获得公平报酬这样一些最基本的雇员权利还没有落实。在矿产采掘、低端制造等行业中,雇员基本的劳动安全也可能尚未得到保障。这些领域更需要政府通过立法解决问题。

(六)专业团体与专业伦理

在雇佣关系中,专业团体是一些比较特殊的参与者。专业人士不仅要遵守一般的伦理规范,还需要遵守专业的特殊规范。专业伦理的特殊性体现在它对专业性和道德操守的特殊要求,其适用对象为专业人士(如医生、律师、教师、会计师、审计师等)。这些职业的从业者需要经过特殊的专门训练,对从业人员有特定的职业要求。在长期的专业发展中,专业人士慢慢凝聚了对本专业从业道德标准要求的共识,并将其作为各自专业的伦理规范,以帮助处理在工作中可能面临的道德问题。专业伦理通常被视为“对话伦理”,由于非专业人士在判断专业人员是否违背专业伦理时,经常存在知识和信息不足的问题,因此,专业伦理更多体现为一种自愿责任和自我审查的道德要求。较一般雇员而言,专业人士是否遵守专业伦理,对商业伦理表现有更大的影响。例如,在安然事件中,安达信公司的审计人员未能恪尽职守,使安然公司的财务欺诈问题未被发现而长期存在,最终不仅让自身受到严厉处罚,还给包括雇员在内的利益相关者带来巨大损失。

二、管理效率与公民自由和权利

传统雇佣伦理强调雇员对雇主的忠诚、服从,强调企业组织目标和效率的实现,即为达成目标,雇员必须让渡部分公民自由和权利以提高管理效率。管理效率与公民自由和权利之间的矛盾与冲突可能以各种形式存在着。

有关企业管理与公民自由和权利的冲突,不仅在发展中国家存在,在发达国家同样存在,只是表现形式有所不同。Shaw(2005)在他的《商业伦理》一书中讲述了一位名叫Maclntire的工程师的故事。

Maclntire是一位事业有成的工程师,在杜邦公司工作多年。他非常喜欢文学并在工作之余发表了一本小说,名叫《科学家和工程师:并非专业》。小说中的一些故事原型来自他工作的杜邦公司。Maclntire的上司非常不满他在小说中对公司的批评,于是就解雇了Maclntire。Maclntire尝试起诉公司,却被得克萨斯地区法官驳回起诉。

Shaw引述了美国工作权利协会(National Workrights Institute)主席Lewis Maltby的一段话,“你得随身带着护照,因为当你走进办公室大门的一刹那,你作为美国公民的权利就自动消失了”。Lewis还说:“很多雇员认为他们受到人权法案的保护,他们享有言论自由权,他们享有隐私保护权,他们享有免受任意处罚的权利,基本上他们是正确的,除了他们去工作的时候。”

在很多公司或非公司组织中,限制雇员公民权利的情况普遍存在。观察上述案例,企业管理者与雇员双方在雇员权利的认知方面显然存在一定的矛盾。传统上,企业或其他组织的管理者经常过于强调契约关系,自泰勒以来的所谓"科学管理"和机械化大生产使"雇员"的地位附着在组织的生产系统、技术系统和其他管理系统中,雇员作为"人"的属性已经退居第二位,成为组织系统中的一个"螺丝钉"。虽然现在有越来越多的管理者开始认识到建设伦理型组织和保障雇员权利的重要性,但多数管理者还是习惯将雇员公民权利与组织管理效率对立起来。

企业不断侵犯雇员权利的另一个常见原因是雇主和雇员双方关系的不平等。由于各国法律规定和工会力量的不同,雇员在与雇主的博弈中多数处在弱势地位,雇员不得不忍受或"自愿"放弃部分"合法"权利,以换取工作机会。而法律在保护雇员公民权利方面,也常落后于企业管理现实。当雇主以公司管理为理由要求雇员让渡自身权利的时候,雇员,特别是处于弱势地位的雇员,就要面临"要么服从,要么走开"的困境,且似乎很难找到解决办法。

但是,问题总有两面性。随着社会生产方式的转变、民主化进程的推进以及法律对劳工权利保护的重视,企业组织也必须对此作出响应。尊重雇员的公民自由和权利,不仅是道德的要求,还是提高组织效率、保持企业长久竞争力的要求。

通常来说,在一个组织文化和伦理氛围良好的环境中,绝大多数雇员都乐于努力完成本职工作,愿意与团队成员建立良好的人际关系,希望为企业作出贡献并使他们的工作得到管理者和同事的认可。他们既关心自己的工作和工作环境,也关心自己是否得到合理的回报、是否能够获得公平的报酬、是否能够获得升职和加薪。换言之,他们在被要求完成自己工作的同时,也非常在意企业是如何对待他们的。如果他们认为企业损害了他们的尊严、侵犯了他们作为一个"人"的基本权利,他们就会作出相应的反应。行为规范不符合社会期待的雇主将无法招聘到具有竞争力的人才,而这也将大大降低这些企业取得成功的可能性。

因此,很多企业已经开始制定自己的道德准则,以明确雇员的责任和权利。他们已经认识到,尊重雇员的公民权利,不仅不会损害企业自身的利益,反而有助于建设一个更人性化、更有活力的组织。雇员一旦认识到公司真正关心他们的利益、愿意帮助他们提高工作绩效、认同他们的工作成果,他们也将加倍回报公司。一般而言,那些尊重雇员权利并提供公平、公正工作条件的企业,更容易取得好的经营业绩。

一位3M公司的雇员这样评价自己的公司:"在3M,你可以感受到(一贯的)积极的工作氛围和公平待遇。"公司的其他雇员在解释自己为什么喜欢自己的公司时,大多谈到公平的待遇、信息透明、相互信任以及公司给予员工职业发展方面的帮助等内容。这些理由显示,在这些杰出的公司中,雇员在关心自身利益的同时,也愿意将自身的发展与公司的前途紧密结合在一起。正如美国国家仪器公司的一位雇员所说:"这是我所知道的最独特的公司，公司文化推崇开放、诚信和公平。这里的人们工作非常勤奋，但公司也鼓励员工学会放松、学会享受工作之外的人生，并保持工作和生活的健康平衡状态。”

三、权利与责任：天平两端

雇佣伦理强调雇佣关系中的公平、公正与平等权利，最基本的逻辑基础是权利和义务对等的原则。雇主与雇员站在公平与公正这架天平的两端，一方的权利就意味着另一方的责任和义务。无论是雇主还是雇员，在享受各自权利的同时，也应负起各自应尽的道德责任。

（一）雇主责任及存在的问题

雇主一旦与雇员建立了雇佣关系，就形成了对雇员的一些特定责任。在社会和经济发展的不同阶段，人们关注的重点可能有所不同，但对道德基础（公平、公正和平等权利）的认识却是基本一致的。当前，人们普遍认同的雇主责任通常包括：保障工作权利和提供人道待遇，提供安全和健康的工作环境，尊重与保障雇员公民权利，乐于向雇员提供参与公司事务和个人职业发展的机会等。

1.保障工作权利并提供人道待遇

保障雇员的就业权是雇主的基本责任之一，雇主有提供人人平等的工作机会的义务。雇主还应提供雇员工作所必需的工具和条件，同时支付公平的报酬。

（1）保障雇员工作权利。雇员的工作权利属于基本人权，雇主应公平对待所有的应聘者，不得无故剥夺他人劳动权利。例如，不应以各种不正当或歧视性理由拒绝聘用某人，也不应以与工作无关的理由任意解聘或开除雇员。企业为了节约成本而大规模裁员，在很多地方被认为是不符合社会道德期待的，有时还会受法律限制。在一些国家中，大规模裁员必须经过与劳工组织的协商。通常，在发生经济危机或企业财务危机时，与工会协商达成的雇员自愿减薪的方案更容易被接受。

在保障雇员就业权方面，不同公司的表现有很大差异。有些公司承诺采取不裁员政策，如日本公司在20世纪50－90年代普遍采用终身雇佣制，有些公司则将裁员视为降低成本的重要手段。即使是同一家公司，在不同国家或地区的表现也有很大不同，这主要取决于公司的雇佣政策、当地劳工组织的力量以及政府规制。对是否应该采用严格的就业保障制度，不同国家也有不同的传统和观点。越是严格限制雇主解雇雇员的国家，雇主在聘用雇员时就越慎重，其劳动市场的活跃程度就越低。

欧洲各国的法律比较倾向于限制雇主在解雇和裁员方面的自由度，美国则属于灵活但受法律限制的国家，政府雇员和工会成员的就业权受到法律或集体协议的保护。中国实施的是“批量裁员报告制度”，公司一次性裁员20人或10%以上，需要向劳动和社会保障部门备案。由于国内目前雇员组织力量薄弱，企业无论是解聘员工还是开除员工或裁员都比较自由，且不少企业也会采取变相裁员的方式规避政府和工会的干预。

此外，雇主应提供雇员基本工作条件并协助雇员完成工作，必要的培训和工作协助被视作雇主的重要责任之一。在《财富》杂志最佳雇主评选中，很多雇员认为愿意帮助他们解决工作困难的雇主更受欢迎。

(2)提供公平薪酬及人道待遇。这项责任是与保障雇员工作权利密切相关的。所谓"人道待遇"，从底线层次去理解，就是尊重雇员的基本人权，提供雇员公平的薪酬和福利；从更高层次去理解，则是尊重雇员，并对雇员与顾客一视同仁。

获得薪酬是雇员工作的基本目标，雇主支付的薪酬和福利应该是公平的。虽然有学者认为，只要是雇员愿意接受的薪酬就是合理的薪酬，但考虑到劳资双方的博弈力量，对缺少劳动技能、受教育水平较低的劳动者来说，他们无法依靠自身的意愿和能力获得合理的报酬，因此，各国都设定了最低工资标准以保护雇员的利益。

2.提供安全和健康的工作场所

雇主应保障雇员在工作场所的安全和健康。由于技术或经济条件的制约，一些工作场所，尤其是欠发达地区的一些工作场所，它们的健康与安全标准与国际上通行的标准还有一定的距离。采矿业是问题最严重的行业之一，从公开报道的矿难事件中，我们不难理解为什么采矿业被称作"带血的GDP(国内生产总值)"。

今天，在多数国家和多数人的观念中，经济效益和生命安全之间是不需要选择的。为了追求经济效益而抛弃雇员生命安全，不仅是不道德的，还是严重违法的。保障雇员生命安全是雇主的基本责任，即使在高度危险的行业，如煤炭采掘、消防、高空作业等行业，雇主仍应尽最大可能保障雇员的人身安全，矿难的发生不仅是技术原因，很多时候还是矿主只追求经济利益而置矿工生命安全于不顾造成的。

雇主的另一项责任是提供不损害雇员健康的工作环境。目前，高能耗、高污染产业在我国产业结构中仍占相当大的比重，这些产业附加值较低，很多雇主不愿意或者没有能力提供安全、健康的工作环境。即使在相对发达地区，包括一些知名跨国公司的供应商，其工作场所也经常存在各种健康和安全问题。另外一种现象也非常值得关注，一些企业为了减轻财务负担，在若干危险或有健康危害的工作岗位上更愿意雇佣劳动合同工。由于合同工不计入公司正式雇员统计，企业往往在临时外劳人员罹患职业病之初就将其解雇，从而把问题推向社会。

保障雇员的健康与安全，企业负起道德责任固然重要，但政府提供充分的法律保障可能更为重要。

安全健康的工作环境也包括雇员的心理健康。竞争的加剧、企业雇主及管理层更多采用内部挖潜的方式应对市场竞争，超时工作、严格的考核制度、日益加剧的职业竞争等现象的存在，都使雇员的工作压力急剧增加，从而产生大量的心理健康问题。在白领阶层和一些机械性、重复性的工作中，雇员的心理健康问题尤其突出。企业需要充分理解过高的工作压力有可能给雇员带来的心理危害，并通过改进组织文化、完善沟通渠道和绩效考核体系、积极干预并加强对雇员的心理支持等方式帮助雇员克服心理问题。

3. 尊重与保障雇员公民权利

雇主充分尊重雇员的公民权利并且公平、公正地对待雇员，既是企业履行道德责任的体现，也是塑造和谐、友善、关爱的组织环境的基础。雇员在工作场所如同在家庭、学校和社会一样，享有免于遭受一切不合法的歧视、不受威胁和侮辱的权利，雇员的隐私权、知情权、言论自由同样受到尊重。

尊重雇员人格，避免在言辞、行为上冒犯雇员的尊严，是现代文明下社会组织内部伦理关系中非常重要的方面。中国古语说"士可杀而不可辱"，西方社会则有所谓的"道德金律"，意思都是你希望他人如何对待自己，就在如何对待他人（亦即己所不欲，勿施于人）。但一些当代的管理者似乎忘记了雇员的"尊严"为何物，公开羞辱、体罚等各种损害人格尊严的行为时有发生。个别管理者甚至视其为磨砺员工斗志的法宝，认为只有将员工变成无所顾忌的"机器"，才能发挥其最大的劳动效率。但这样的管理者往往忽略了一点：企业如果不能以公平、公正和维护尊严的方式对待雇员，雇员在工作中就不会对企业忠诚。《孟子·离娄下》中是这样论述君臣关系的："君之视臣如土芥，则臣视君如寇仇。"

从文明社会的角度，雇主不应粗鲁地冒犯、羞辱雇员。但对于如何界定"粗鲁""羞辱"以及"冒犯"行为，并没有明确、统一的标准。例如，公开批评一个人，在有些国家和地区可能被视为一种羞辱，但在另一些地方可能被视为"正常"的。但从总体上看，粗鲁和冒犯式的语言在大多数场合是不受欢迎的，多数雇员讨厌他们的老板对自己态度粗暴，对受教育程度较高的雇员来说，尤其如此。

一些粗鲁的行为还隐藏在日常管理运作中，很多时候管理者已经习以为常。例如，有些公司的人力资源专员在接受应聘者面试材料时随手丢弃，在面试时不当评论应聘者的外貌和语言等。

隐私权也是重要的公民权利，公司对雇员隐私的了解应仅限于与工作相关的方面，雇主不应分析或公开谈论雇员与工作无关的私人生活，包括雇员的宗教和政治信仰、社会观点、家庭背景、个人生活习惯等。

雇员基本人权保障还包括应尊重雇员表达不满、反对意见和提起诉讼的权利。企业在通过各种内部规定来限制雇员使用其权利时应格外审慎，避免陷入歧视或其他违法行为中，应以与工作有关为限。当然，雇员在使用这些权利时，也不应损害企业利益。在保护雇员权利和尊重公司利益之间，存在一些难以明确界定的灰色地带。例如，雇员在工作时间以外发表对公司不利的评论，即使是真实的评论，在很多雇主看来也是无法接受的，正如前面所讲述的工程师 Maclntire 的故事那样。

4.提供雇员参与公司事务和个人职业发展的公平机会

与尊重一样，为雇员提供参与的机会，不仅是尊重雇员民主权利的表现，还是提升和改善组织伦理环境、提高企业竞争力的基础。在现代社会中，采用传统的威权管理方式容易造成管理团队与雇员之间的对立情绪，从而影响企业的业绩。

从雇员的角度思考，工作满意度不仅仅受薪酬福利、工作条件的影响，雇员也渴望从工作中获得其他的满足感，如参与公司事务、获得职业成就、贡献社会等。因此，雇主应努力创造雇员参与合作的组织环境。

在传统的层级组织中，雇员的民主权利被让渡给管理层，人们习惯于单纯地服从，但现在雇员更愿意表达他们对公司事务的想法，更在乎自己是否被视为组织中的一员。当企业给予雇员更多授权和表达意见的机会时，他们同样也能给企业带来更多回报。下述韩国三元精密仪器公司(以下简称"三元公司")的案例(哈里森和萨姆森，2004)就充分显示，当雇员感受到民主权利和尊重时，他们同样能够积极回馈企业。

三元公司是一家韩国企业，成立于 1974 年。公司成立伊始主要从事圆珠笔弹簧的生产，1975 年公司开始生产汽车配件，1976 年加入韩国钢铁行业协会，1980 年成为韩国商业和工业部认可的汽车配件供应商，1983 年成为国防部的合格供应商。三元公司在不断扩大规模的同时，也面临着成本持续上涨以及用户对公司产品质量不断提出更高要求的压力。

公司执行董事杨勇(YangYongSik，音译，下同)先生决心在公司内部推行流程变革。他说："公司存在太多浪费，我们的机会成本比以前更高，因此我们浪费不起时间和资源。"杨先生决心在公司引进"5S"计划。在中国，"5S"计划被称为"五常法"，即 Seri(整理)、Seiton(整顿)、Seiso(清扫)、Seiketsu(清洁)和 Sisuke(素养)。当他还是生产线队长的时候，杨先生参加了在日本的培训，他认为公司必须不断提高生产率，从各方面做好与日本同行竞争的准备。杨先生争取到公司所有者 Mun Hak Moo 先生的支持，在公司内推行他的变革。该计划在 1980 年首次推行，但因遭到管理层和一般雇员的反对而失败。在第二次推行"5S"计划时，Mun 授权杨先生可以解雇管理层，并只给他 6 个月时间完成计划，否则他必须离开公司。

为了在公司推行"5S"计划，杨先生建立了 1 秒钟时间管理系统来衡量浪费的时间。这套系统计算所有的工作活动，包括无效的团队会议、闲聊、抽烟、喝咖啡、等待以及工业事故、质量问题等所有可能存在的浪费，并量化到 1 秒钟。杨先生编制了 1 秒钟浪费工资表(表 4-1)，这使改革看起来更像一个从工人那儿榨取时间的方案。

表 4-1 1秒钟时间管理浪费计算表

时间	管理者工资/韩元	工人工资/韩元
1 秒	3	2
1 分钟	180	120
1 小时	10800	7200
8 小时	86400	57600
12 小时	129600	86400

在“5S”计划和 1 秒钟时间管理系统推行后，杨先生又推出了“Saryuk 0.01”运动，作为后续改进计划的一部分。该运动要求雇员在一切方面尽百分之一百二十的努力，Saryuk 指的就是为达成最终目标而进行疯狂努力。杨先生为三元公司提出了新的座右铭：“为了提高 0.01 的生产率而 Saryuk；为了减少 0.01 的浪费而 Saryuk；为了增加 0.01 的收益而 Saryuk。”

对于杨先生这样从基层成长起来的管理者来说，他的改革需要面对管理者格外的压力。韩国文化特别重视工作年资和教育背景，杨先生的变革显然不符合他们的胃口。在整个变革期间，杨先生解雇了大约 10%的雇员，其中多数是管理人员而不是工人。该项计划最终在 1988 年取得了成功，前后历时 8 年。

在杨先生推行的变革中，“工人新文化”是成功的核心要素。杨先生提出了“我是公司所有者”“我自己首先来做”“我得到我应该得到的”“请根据我的工作而不是我的学历评价我”的新文化体系，这套体系改变了传统的韩国管理者与工人之间的伦理关系。实践表明，工人能够自主管理自己，并且渴望改变、愿意为公司和自己而努力。但这样做的前提是让工人感受到自己是企业的主人公而不仅仅是被动的管理对象，自己受到尊重、得到平等待遇而不只是雇主压榨的对象。工人们在变革的过程中被授权自我管理，他们参与管理公司的晨会建议系统，每个工人被要求每月提出自己对减少浪费的建议并进行自我评估。有贡献的建议者可以从其建议产生的收益中获得固定比例的回报，并获得升职提薪。在变革中，杨先生还打破了工人和工程师的界限，鼓励工人参与技术创新。

通过变革，三元公司的生产成本降低了 30%，产量提高到其他同类公司的 4 倍。公司将变革的收益用于再投资和奖励雇员，三元公司雇员的固定薪酬比其他公司高 30%，奖金提高的幅度从 400%到 900%不等；公司负担所有雇员子女直至大学毕业的所有教育费用，并支持雇员参加海外培训。

由于韩国存在强大的工会力量以及雇员不接受临时解雇的传统（放无薪假），如何安排因劳动效率提高而节省下来的工人，是杨先生必须考虑的问题。杨先生将公司工作时间调整为三班制，在无须额外固定资本投资的情况下，增加了生产能力，企业年工作日增加到359天，远高于其他企业的300天；雇员的平均休息时间增加到94天，也远高于其他企业(平均60天)。

分析三元公司的案例，在第一次变革中，因管理层和雇员的反对，杨先生遭遇了失败；在第二次变革中，杨先生充分考虑到雇员参与的重要性并和雇员一起分享公司的成长和利润，最终取得了变革的成功。在杨先生的变革中，工人进行自主管理、参与公司事务并获得信任，还能够分享变革的成果。工人们意识到，他们可以通过自己的努力而不是CEO的努力来提高工作收入，努力工作不仅是为了获得一份养家糊口的工资，还是为了自己的利益和实现自身价值。三元公司的成功使其成为韩国企业的学习标杆。1994年，三星公司也开始引进CKR系统(基于时间的管理系统)作为流程变革的基本框架。

(二)雇员责任及存在的问题

与雇员权利相对应的是，雇员应承担对雇主的道德责任，即按照雇佣契约履行自己对雇主的基本责任并忠诚于企业利益。雇员责任集中体现在以下几个方面。

1.服务公司并遵守公司制度

向雇主提供合格的劳动和服务，并遵守公司规章制度，是雇员的基本责任。雇员需要持续提高自身的工作技能并达到工作岗位的要求。

雇员在工作中，需要遵守劳动合同和企业内部伦理守则，尊重公司的指挥链条以及由公司职位所授予的管理者的权限，按照岗位职责和工作描述的要求完成本职工作。雇员有权利获得公平、人道的待遇，同时也有义务努力提高个人技能，在工作上取得良好成绩，只有这样才能建立双赢的劳资关系。

随着年轻一代从学校走入职场，雇佣伦理可能会面临新的问题。很多年轻雇员会经常衡量自己的工作是否获得公平的报酬，并且习惯于高估自己的工作表现。他们重视相对公平性，并常常乐于进行沟通和比较，对公平性和公正性也更为敏感。

还有一些雇员则可能缺乏契约精神，离职流动率较高。例如，在每年大学毕业生招聘季节，一些学生为了保险起见，常常同时与若干公司签订雇佣合同，从中挑选出自己满意的企业后再与其他企业毁约。雇员在尊重雇佣契约方面，应认识到违反契约的损失并不仅仅与金钱相关。一些雇员，包括年轻雇员，还存在金钱至上的观点，认为用金钱可以解决一切问题。不考虑工作连续性、不提前通知雇主就随时“跳槽”的行为也比较普遍，尤其是在低端劳动岗位上。对于这些问题，除了雇员自身应加强职业道德素养外，雇主也可通过提供相应的入职培训，订立明确的伦理规则，使雇员有章可循、有规可依。

2.避免利益冲突

避免利益冲突是雇员最重要的职业道德之一。对雇员而言，职业道德的核心是以自己的技能服务于公司并对公司利益保持忠诚，不允许发生为个人而与公司利益相悖的行为。例如，沃尔玛的伦理准则中就明确规定雇员不能与供应商建立工作之外的能让人产生任何不良联想的社会关系，诸如与供应商保持密切的家庭联系，一起度假、一起参加各种活动等，都被认为是不符合伦理规则的。曾经有沃尔玛采购部的雇员因与供应商一家建立了长期的家庭联系并共同外出度假而被公司解雇，虽然该雇员曾经向法院起诉沃尔玛，但最终以该雇员撤诉了结此案。

对于利益冲突问题，很多公司在拟担任重要岗位的雇员入职时，会要求雇员声明不存在与公司利益冲突的情况。例如，通用电气对其董事会成员的任职资格，就明确规定董事会成员不得与公司有超过一定金额的业务往来，其家庭成员或对其有影响力的亲属也不得与公司有利益冲突。如果雇员在入职时隐瞒或没有披露这种关系，则属于违规行为。举例来说，雇员 A 在某公司财务部门或采购部门工作，如果他的妻子或儿子、女儿是该供应商股东或管理者时，A 就构成了与公司的潜在利益冲突。A 在担任该职务时，需要向公司申明并经过商业伦理专员的审核。如果 A 没有公开这种关系，则可能受到处罚甚至解雇。在这种情况下，该雇员将无法获得公司解雇补偿金。

与其他国家不同，中国企业在招聘雇员时，很少进行背景调查，通常也不要求提供雇主推荐信，一般没有正式的伦理规则和伦理办公室对雇员进行指导。在这种情况下，就比较容易发生雇员有意或无意的违规行为。例如，一些企业可能会要求具有夫妻关系的雇员进行利益回避，但有些雇员会采用“隐婚”手段来应对公司要求，这些都有违工作伦理的要求。此外，在一些国有企事业单位中，对亲属间的利益回避缺少具体要求，这很容易造成潜在的利益冲突问题。

只有在一种情况下，没有必要要求利益回避。私人家族企业中由家族成员担任公司管理职务是非常普遍的情况，这些企业本身就是由家族或朋友共同创办、共同经营的，因而家庭成员和朋友同处一家公司是很正常的，不存在是否道德的问题。

利益冲突还经常表现为窃取公司财物或侵占公司利益。通常，管理层对公司利益的窃取比较隐秘，一般雇员则更多表现为“占小便宜”之类的行为。

此外，雇员有责任对自己在工作中所了解的商业秘密和知识产权保密，泄露商业秘密包括离职后泄露商业秘密，都是违背雇佣伦理的行为。竞业限制是企业要求雇员保守商业秘密的一种特殊形式，它要求雇员在离职后的一段时间内不得从事与原工作性质相同的工作，其目的是限制雇员利用原属公司的商业秘密与原属公司进行竞争。签署竞业限制合同的雇员需要经过一段“冷冻期”才能重新从事原来的工作。为了公平起见，在此期间，雇主必须提供相应的补偿。在实践中，对于未提供相应补偿的竞业限制，法律可能不予支持。

从事内幕交易也可能构成利益冲突。雇员利用工作和职务之便，从事内部交易活动，被认为是不道德甚至是违法的。对于内部交易的合规性，需要制定明确的伦理规制加以规范和指引。企业组织如果允许其雇员从事内部交易活动,就有可能存在极大的道德风险。安然公司允许其财务总监法斯特从事 LJM 交易所造成的风险,就是一例。

内幕交易的种类繁多,既可能涉及公司高层雇员和业务骨干,也可能涉及一般雇员。内部交易本身是否违反道德规则,要视交易本身的性质和公司规定而定。

3.其他责任

除以上责任外,雇员还应承一些其他责任。

(1)正确使用公司资源。正确使用公司资源,对许多雇员来说可能是一件比较困难的事情,而各国文化的差异也使何为正确使用公司资源存在分歧。例如,营销人员将招待朋友的费用计入客户招待费中,对此很多雇员认为是可以接受的行为,一些主管对此也采取放任态度。新近出现的对公司资源的滥用行为,主要发生在与互联网和信息技术相关的方面,具体包括滥用公司资源在工作时间浏览与工作无关的网页、发送私人电子邮件、滥用电子邮件骚扰其他雇员等行为。个别雇员还涉及利用工作时间和公司资源浏览、传播色情作品。一项网络调查显示,多数雇主不喜欢雇员利用公司资源进行私人浏览,认为这种行为违反公司伦理。为减少分歧,企业应明确规定何为滥用公司资源并告知其雇员。

(2)尊重公司文化及他人。雇员应积极融入公司文化,尊重公司传统和价值观,尊重其他雇员,不侵犯和伤害他人(包括不伤害他人情感)。随着国际化程度的提高,特别需要注意对尊重、理解上的"文化"差异。有此行为,如粗暴或以敌意对待同事或顾客、打探同事或顾客的隐私、歧视身体缺欠等,在大多数国家都被认为是不道德的而不被接受;但其他一些行为,如公开讨论同事的体重、婚姻状况等是否被视为敌意,则因国家不同而有所不同。强调雇员的自由权,应该以尊重公司规则、尊重他人为前提。任何公司都存在一些大大小小的非正式群体。雇员在这些非正式群体中的行为,不应与公司利益发生冲突,也不应歧视与自己文化、种族、年龄、性别不同的雇员。在几乎所有的组织中,冒犯他人都普遍被认为是不可接受的行为,而具有团队合作精神、懂得尊重他人的雇员更受欢迎。

(3)审慎的责任。雇员应履行勤勉、谨慎的义务,忠诚地维护公司利益。基本上,雇员对公司的忠诚体现在三个层面:按照雇主要求提供相应的服务、对工作中获得的商业秘密负保密责任以及审慎履行责任以增进雇主利益。在工作中,雇员还应尽量避免越权行为。在多数情况下,越权被认为是不符合职业伦理规范的,在多数公司都不受欢迎。在为了公司利益而不得不越权行动时,也需要考虑企业文化和雇员守则是否允许越权行为。

有关雇员伦理责任的讨论,还包括与工作有关的伦理规则的制定。对此,有些国家规定雇员有权参与制定与其工作相关的规制,中国则要求企业将与雇员相关的规章制度公开告知。

建立适当的伦理规制,有利于帮助雇员避免不道德行为的发生。2001 年安然、世通公司丑闻发生后,很多国家都要求上市公司加强伦理规制的建设。对那些没有建立适当伦理规制的公司,在其发生违规问题时将受到更为严厉的制裁。在这种情况下,一些公司设立了首席道德官,负责对公司伦理规制和守法情况进行审核和管理,并要求雇员一旦发现公司内部存在任何不道德行为,及时向首席执行官或首席道德官报告。

虽然多数公司鼓励雇员遵守伦理规则和专业伦理,但当公司利益与专业伦理及雇员个人道德观念发生冲突时,还是有相当多公司不允许雇员将公司内部事务泄露给社会公众。换言之,"告密"仅仅是公司避免不道德行为而采取的内部规制措施。在"应该做什么"和"实际做什么"之间,还存在很大的差距,企业的伦理决策总是面临这样或那样的伦理问题。

第三节 劳资关系中的商业伦理困境与决策

虽然工作场所的基本伦理规定是明确清晰的,但在实际运用中,却可能由于理解的不同或者受到各种其他因素(如成本、人际关系等)的影响而无法坚守。虽然人们了解工作伦理的重要性,但还是会忍不住时时去衡量下,遵守伦理到底值不值得?本节重点讨论公平与歧视、忠诚与告密以及言论自由与隐私权的问题。

一、公平与歧视

公平和公正是处理劳资关系的基本准则。工作场所的"公平"包含两层意义:一是任何决定应该考虑并且只考虑工作及工作表现;二是决策应该审慎且决策所使用的规则应该是明确的、前后一致的,这也就是人们常说的程序正义。当我们期望公平和公正时,不仅期望结果是公正和公平的,还期望过程本身是公平和公正的。

商业伦理对公平问题的讨论,不是为了对公平本身进行哲学或者道德上的论辩,而是为了在工作场所避免不公平的发生。有关公平与歧视的讨论将集中在两个方面:其一,如何识别工作场所的歧视问题;其二,如何对雇员普遍关注的公平问题构建制度化解决方案。

(一)工作歧视

工作歧视是指基于各种先赋因素而在招聘、薪酬、职业发展等方面对雇员实施差别化待遇的行为。1958 年 6 月 4 日,国际劳工组织理事会组织召开了国际劳工组织大会,并于6月25日通过了《消除就业与职业歧视公约》。1983年,中国恢复了在该组织中的席位。虽然我国目前仅批准了23个国际劳工公约,占全部182个公约的12.6%,但按照国际劳工组织的章程,中国作为成员国,有责任推进各项公约的落实。

《消除就业与职业歧视公约》将“歧视”定义为,“基于种族、肤色、性别、宗教、政治见解、民族血统或社会出身等原因,具有取消或损害就业或职业机会均等或待遇平等作用的任何区别、排斥或优惠”或者“有关会员国经与有代表性的雇主组织和工人组织(如存在此组织)以及其他适当机构协商后可能确定的、具有取消或损害就业或职业机会均等或待遇平等作用的其他此种区别、排斥或优惠”,但“对一项特定职业基于其内在需要的任何区别,排斥或优惠不应视为歧视”。

工作歧视是一种普遍存在的现象。以美国为例,尽管法律明确禁止在刊登招工广告、招聘与雇佣、推荐就业、工作岗位设置和职位晋升、工资和薪酬、辞退和解雇过程中的歧视行为,但根据美国平等就业机会委员会(EEOC)公布的数据,在2008—2011年,委员会收到的投诉每年都接近10万件。国内虽然没有相关机构进行专门统计,但工作歧视的现象同样比较普遍,而近期的国家公务员考试已经提出禁止歧视。经常被讨论的工作歧视集中在性别歧视、年龄歧视、健康歧视、地域歧视、身份歧视等方面。

1.性别歧视与性骚扰

性别歧视与性骚扰是工作场所中存在的最典型的歧视行为。性别歧视主要是对女性在工作及相关权利上的限制。世界上除了芬兰、新西兰等男女平权主义盛行的国家外,多数国家都存在相当程度的性别歧视。有些宗教国家或某些宗教组织,对女性的歧视尤为明显。据EEOC的统计,最近几年的工作歧视投诉案例中,有关性别歧视的差不多占了1/3。

性别歧视在中国就业市场中更为严重,限制招聘女性雇员的广告堂而皇之地占据各种媒介,企业招聘人员包括女性管理人员也更倾向于招聘男性雇员;在从业时间方面,女性雇员的平均工作年龄低于男性,法律明确规定女性50~55岁退休,在女性期望寿命高于男性的今天,显然不是由于男女生理因素造成这种差别的;而就平均薪资水平来说,女性也普遍低于男性。

性别歧视还体现在工作岗位的配置和职业晋升方面:在科学研究、工程、财经金融、经济管理以及领导岗位的女性雇员比例均低于男性,女性获得升迁的机会也相对较少,贬低女性能力和工作热情的不仅限于企业界,哈佛大学前校长也因公开评论男性比女性更适宜从事科学工作而被迫辞职。工作中的性别歧视还包括对女性结婚和生育的限制。有些公司在招聘女性雇员时常常口头约定结婚和生育年龄,甚至要求女性雇员不得在25岁之前生育。对此,一些国家通过立法,对女性雇员产假时限进行规定并保障女性雇员返回工作岗位的权利。

性别歧视不仅针对女性。有些岗位，如传统的幼儿教育、服务业，可能被认为不适宜男性工作，如果这些工作场所拒绝男性雇员，也构成性别歧视。反对性别歧视并不意味着要求女性雇员与男性雇员必须完全一致。由于女性生理因素的差异，企业在女性特殊时期如孕期、哺乳期等，不能安排女性从事不适宜的工作，有些企业以此为借口辞退女性雇员，也涉及歧视待遇。不同国家在消除性别歧视方面所做的努力差别很大，一些欧洲国家特别是北欧国家，在这方面就比较成功。例如，男性和女性可以共同享受育儿假，这给男女共同承担家庭义务提供了方便。

性骚扰则是另一种形式的工作歧视，其在工作场所也很常见并已引起广泛重视。很多国家对此进行了立法规范，带有冒犯和挑逗意味的语言、肢体动作、声音，包括短信、即时通信工具中的上述行为，都被视为性骚扰。性骚扰不限定于男性雇员，女性雇员的上述行为，同样被视为性骚扰。

2. 年龄歧视

年龄歧视是另种典型的工作歧视。虽然年龄歧视在很多国家都存在，但国内的年龄歧视更为严重，受歧视的年龄也更低。很多雇主在招聘雇员时，对年龄有严格的要求，即使是中层雇员，超过40岁的男女雇员都很难再加入就业市场。包括很多大学和研究机构，也明显存在年龄歧视，除了院士等极少数群体外的高级研究人员，在超过40岁后通常也难以在就业市场上流动。与此形成对照的是，政府资助的各种研发项目对青年的定义也是在“35岁以下”或者“40岁以下”。换句话，很多正处在“青年”的劳动力在大多数雇主眼中已经失去了“价值”。

年龄歧视和性别歧视的原因很多，其中一个因素可能是与国家劳动保障体系的落后有关，雇主认为雇佣女性雇员或年长雇员，需要承担包括因生育、疾病等产生的额外负担；劳工权利保障体系的缺失则是另一个重要原因。当雇主在就业市场上具有强势地位，而又缺少劳工团体的制衡时，歧视就不可避免。

3. 种族和地域歧视

移民国家的种族歧视相对比较严重。例如欧美国家，虽然都有禁止种族歧视的法律规定，但少数族裔仍然受到各种隐性的歧视。一位华裔女性求职者曾投书报社讲述自己的求职经历：“当我使用自己的姓氏提出申请时，很少收到面试通知；当我使用夫姓时候，我收到了好几个面试通知。”根据EEOC的统计，美国各级法院每年受理的涉及种族歧视的工作歧视诉讼有近万件，提起诉讼的雇员主要是非裔、西班牙裔和亚裔，这些雇员提起诉讼的数量约占工作歧视诉讼总量的10%。中国国内虽然少见种族歧视问题，但仍然可以观察到存在地域和身份歧视的现象。受制于国内户籍制度，劳动力的自由流动受多种条件限制，很多工作岗位仅对特定户口和特定地区的人群开放。以京津沪地区为例，很多工作岗位都要求有本地户口，甚至包括购车、购房都受户籍限制。

4.健康或外貌歧视

设定与工作无关的健康和外貌要求，被视为健康歧视。比较明显的健康歧视包括对残障人士，患有某些特殊疾病如艾滋病、乙肝病毒携带者的歧视。残障人士的就业在国内一直处于非常艰难的困境。雇佣残障人士可能会给企业增加额外的负担，例如，需要改造工作场所的设施以提供残障人士通行方便。加上一些雇主担心残障人士的工作效率以及沟通能力、社会普遍性的对残障人士的歧视等，都使残障人士就业问题难上加难。虽然不少地方政府对未雇佣残障人士的企业征收残疾人就业基金并向雇佣残障人士的企业提供一次性补贴，但收效甚微，而政府机构本身也很少雇佣残障人士。2003年，安徽省公务员招考拒绝录用肝炎病毒携带者张某，被张某提起诉讼，成为一起标志性事件。此后经过多年争取，乙肝病毒携带者获得了理论上的公平对待，但在实践中，乙肝病毒和艾滋病病毒携带者仍处于受歧视地位。残障人士的公平就业权利，可能需要通过长期努力才能实现。例如，美国直至1994年才通过《残障人士法》，要求任何雇员超过15人的公司在不造成业务上不必要的困难时，都应为残障人士提供适当的工作条件。

对残障人士和乙肝、艾滋病病毒携带者的公开歧视稍有不同，外貌歧视是一种更为隐蔽也更为普遍的工作歧视。身高、体重、相貌等外在条件经常被明示或暗示为应聘者的第一道门槛。若要改变这种状态，需要多方努力并有赖于法律的保障。同时，也需要被歧视者通过法律诉讼迫使雇主改变。例如：美国旧金山地区有一位体重超过200磅的男性求职者，在应聘舞蹈教练被拒后诉诸法律，并最终迫使雇主改变了歧视性做法。其雇主在雇佣该教练后表示，通过该事件，她认为任何体重人士都有可能成为一名优秀的舞蹈教练。

5.其他类型的工作歧视

在一些有宗教信仰的地区，宗教信仰的不同可能会影响求职者的录用、工作任务的分配以及薪酬的设定和职务升迁；政治观点的不同也可能会造成上述影响；有些雇主对与自己生活方式不同的人也可能采取歧视性做法。例如，一些生活方式比较保守的雇主可能不喜欢另外一些喜欢冒险或有不良生活嗜好的人士，并因此歧视他们。

对工作歧视的判断有一些灰色地带，例如，某些人士罹患不适应特定工作的疾病，或者具有不适合工作岗位的酗酒、吸毒等恶习，甚至曾违反法律被判刑等，在他们恢复健康、改变恶习并重归社会之后，雇主仍以各种理由拒绝聘用，这是否构成工作歧视？再如，有些雇主在招聘从事非党务工作的雇员时，要求具备中共党员身份者优先或曾在大学期间担任学生干部者优先，这是否可以视为某种工作歧视？有些雇主因不愿意雇佣其他族裔的人士而提出对特定工作语言的要求，这是否构成歧视？有些雇主以超出工作能力需要为理由拒绝雇佣具有硕士或博士学位的人士，这是否也是工作歧视？对这些问题的回答，显然是有分歧的。

工作歧视最重要的判断标准是雇主所提出的雇佣条件(包括升职条件)是否与工作本身及雇员的工作能力有关。例如,一个处在少数民族地区的雇主,如果所服务对象主要为少数族裔,那么提出语言要求就是一种职业的必要条件而不是歧视。招聘空中乘务员对身高、体重有一定要求,是为了适应空中服务的特定要求(如减少飞机负荷、达到打开行李舱的身体高度),这不属于工作歧视,但若要求应征者具有有吸引力的外貌则属于工作歧视。

近年来,国外一些航空公司开始改变身高要求,只要应征者举手能够摸到特定高度即可,其目的也是突出身高是工作的需求而避免被指控为工作歧视。

由于工作歧视的隐蔽性,雇员在与雇主的诉讼中会面临举证困难问题,有些国家法律要求雇主必须明示招聘条件以避免隐蔽性的歧视问题,还有些国家包括中国在内,采用公正原则和权力原则对歧视性措施进行纠正(韦斯,2005),通过设立相应的法律、法规,规定不得进行工作歧视且必须为特定弱势人群(主要是女性和少数族裔)提供教育、培训以及工作机会。例如,印度为低种姓人士保留一定份额的大学入学和在政府机构工作的机会,新西兰对原住工毛利人提供类似优惠政策,中国也为少数民族居民提供在入学和工作机会等方面的优惠措施。这些为纠正种族、性别歧视而提供的保护性措施,不被认为是对其他人士的工作歧视。随着特定弱势人群能力的提高,这些特定的措施将进行修订或取消。

工作歧视的形成,除了市场因素之外,公民意识、人文精神的缺失,法律与法规的不健全以及传统偏见是最主要的因素。临时工和劳务合同工被认为是一种有中国特色的工作歧视,在同一个工作岗位上,临时工和劳务合同工往往不能获得平等待遇。在一些有害健康的工作环境中,劳务合同工甚至成为企业降低成本、逃避责任的有效手段。

(二)公平核心问题

工作中的公平问题,涉及薪酬、雇员评价、就业升职等多个方面,而薪酬和工作评价以及职业发展则是人们最关心的问题。

1.薪酬

薪酬虽然不是雇员工作的唯一动力,但它是最重要的动力之一。薪酬是雇员赖以生活和发展的基础,薪酬的公平问题也是最敏感的问题。

前文我们讨论过管理层的薪酬问题,人们经常质疑他们的薪酬水平过高。同样,一般雇员也总是在各种比较之中观察自己的薪酬是否符合自己的期待,是否与自己的贡献相称,而比较的结果往往是认为自己的薪酬过低。

有些人力资源专家认为雇员可以接受的薪酬就是公平的薪酬,这是因为人力资本同其他资本一样在市场上自由流动,雇主必须支付合理的报酬才能聘用到他所希望的雇员，这种观点得到很多经济学家的支持。由市场确定劳动力价格虽然符合经济有效性，但仍然有一些伦理问题必须考虑。

首先是人力资本专用性的问题。一些雇员长期服务于某些岗位，他们的经验往往与特定工作岗位环境联系在一起。假如这些岗位具有高度的特殊性，雇员的经验将逐渐变得只适用于该岗位环境，除非该雇员去重新学习新的知识和技能，否则该雇员的服务最终就只能提供给该企业(Penrose. 1995)。雇主对这类雇员是否应提供适当的补偿？

其次，对于一些属于弱势群体的雇员，他们往往缺乏就业市场所需要的劳动技能和教育背景及工作经验，只能接受比较恶劣的工作条件和较低的工资水平，对这类雇员、雇主又该提供何种水平的薪酬？

我们在前面讨论公平的两个判断标准，同样适用于薪酬公平性的判断。公平的薪酬水平是按照雇员对公司的贡献和价值而不是与管理者的亲疏远近等其他因素来确定的。由于对贡献和价值的判断具有很强的主观性，往往需要借助其他因素间接判断，这一过程就可能产生不公平的问题。为了避免雇员之间的相互比较或工作歧视投诉，一些公司规定薪酬属于保密信息。

工作本身的性质也决定了薪酬的高低。一些工作岗位需要从业者有更高的学历、更丰富的经验和更高的工作技能，这些从业者就比较容易获得较高的薪酬。而有些工作，由于工作条件恶劣、风险高或者社会评价低，也需要雇主给予合理的补偿。相反，对那些工作条件舒适、工作稳定、压力不大且有良好退休福利的工作，通常认为其薪酬应该按照社会一般水平支付。但现实中的情况可能正相反。例如，工作安全性非常低的煤矿工人，本应该获得充分的风险补偿，但由于这些工作通常是由那些缺乏技能和信息来源的弱势群体承担，他们往往无法获得足够的薪酬补偿。此外，较低的工资不一定意味着不公平。有些工作岗位，虽然起薪较低，但有很好的发展前景或者该职位是通向更高职位的必经之路，人们可能更愿意接受这样的低薪岗位。

从道德的角度来看，人类与动物最关键的区别在于人类具有同情心，能够包容和同情弱者而不是一味强调竞争。因此，在考虑何谓薪酬公平时，薪酬就不能完全依照市场机制来规定，还必须考虑劳动者满足自身生存与繁衍需求的成本(包括生活成本和医疗、教育成本等)。如果有人因为饥饿而去偷面包，那不仅是偷窃者个人的耻辱，还是整个社会的耻辱。尊重、关怀弱势者，向其提供最基本的生存保障，既是一种人文关怀，也是人类最高的道德标准之一。在薪酬体系中，设立最低工资标准，就反映了法律在这方面的思考。一些国家甚至立法要求雇主支付给外地雇员的工资标准不得低于本地雇员，这不仅是为了保护本地就业市场，还是为了保证本地雇员和外地雇员均能获得公平的待遇。

通常人们不仅从绝对数量的角度去评价薪酬是否公平，也会从相对比较的角度进行评价。组织行为理论在讨论公平问题时认为，雇员衡量公平的标准既包括自己的付出和收益，也包括自己与他人之间的比较。在比较工资薪酬是否公平时，人们会与社会一般工资水平比较，也会与本行业的大多数人相比较。有些行业，尤其是垄断行业，管理层与一般雇员薪酬水平都远高于其他行业，这就被认为是不公平的。相对公平对雇员的心理有较大影响。例如，为鼓励杰出人才的创新活动，公司设立了创始人红利制度，给予那些有杰出贡献的雇员高达数百万美元的股票奖励，但那些没有获奖的雇员却感到自己的努力被忽视了。

工资与薪酬是否公平还与雇主的能力有关。创业中的小企业或者不景气的企业，其本身可能就处在现金短缺、利润微薄的境地，很难提供高于最低工资标准的薪酬。相反，对于沃尔玛、耐克、苹果这样的超级跨国公司，人们往往要求它们负起更多的责任。但在这些大公司的供应链上，特别是它们的次级供应链上，还存在一些所谓的“血汗工厂”。在这些工厂中，既有不愿支付也有无力支付的合理薪酬。这些大企业的供应链管理政策可以直接影响供应链中企业的行为。现在很多大企业试图通过强化供应链管理来完善其道德责任。

影响工资与薪酬公平性的还有雇员的谈判能力。集体协商制度、工会力量等都对此有影响。公司内部是否有明确的薪酬政策，该政策是否公开、透明，以及公司所在国家的法律、法规是否倾向于保护雇员权益，也有不同影响。

薪酬中的不公平问题还有其他形式。一些不道德的企业经常采用不道德的手段控制人工成本。例如，一些企业通过不正当的招聘和解雇，在试用期间给雇员很低的工资甚至不支付工资，或者以招聘的名义要求应聘者提供解决方案，但最后既不实际招聘员工也不支付应聘者劳动费用，以达到降低成本的目的。

2. 招聘、绩效评价与升职

对雇员的工作进行评价是企业人力资源管理中的重要环节，绩效评价的结果经常和雇员的薪酬、职业发展以及个人成就感联系在一起。企业应对雇员工作绩效进行公平的评价，在评价中不应考虑诸如个人关系等与业绩无关的因素。因此，清楚明确的岗位描述和工作职责划分对公平评价雇员绩效就十分重要。

在招聘、绩效评价及雇员升职中经常存在的问题主要是裙带关系及朋友关系的影响。企业管理者是否在其决策中受到裙带关系和朋友关系的影响，很难被直接观察到。祁黄羊“内举不避亲、外举不避仇”的做法被视为公正与公平的典范，但在实际运行过程中，很少有人能够真正做到这一点。因此，很多企业设立了“利益回避”条款，对有可能形成利益冲突的裙带及亲族关系进行限制。相比之下，朋友关系则很难进行规范。很多人都是在求学、社会活动以及工作中建立亲密朋友圈子的，管理者在招聘、考核雇员工作绩效或者选拔人才时，是否应该将自己的朋友排除在外？仅仅因为与管理者关系紧密就被排除在外，是否构成另一种不公平呢？反过来，如果仅仅因为朋友关系就聘用、提升某人，对其他人是否也构成不公平？对这些问题的判断，其基本标准仍然是雇员本身的工作能力和工作业绩。裙带关系对组织公平性的影响是显而易见的，不公平的行为很容易导致组织内部的不信任感和各种非正式小圈子的形成，进而影响组织士气和绩效。

3.影响公平的主要因素

从公平的角度，管理者应按照雇员的工作能力及工作岗位的必要要求来完成薪酬设计、绩效考核、工作岗位安排及升职选拔等工作，但种族、性别、年龄、裙带关系、朋友等，都可能促使管理者偏离理性思考而无法公平地对待雇员。

在所有的因素中，社会关系网络可能是最重要且最隐蔽的。在现实生活中，社会关系网络在二三线城市的影响远超过一线城市。很多曾经因房价和工作压力而逃离“北上广”的年轻一代，他们回到家乡后发现，自己必须通过社会关系网络而不是个人能力获得工作和事业的发展机会，从而又不得不回到“北上广”。社会关系网络的这种负面影响将会导致其所在地区损失良好的人力资本，并失去创新和活力。

传统观念也会影响公平性，其中最主要的是年工序列制度的影响。理论上，雇主应该综合考虑雇员的能力及其长期贡献从而“公平”地对待雇员。例如，一些雇员长期服务于雇主，随着年资的增长，其工作能力可能不如新进入企业的雇员，如果只考虑当前的工作贡献，或者只考虑历史贡献，显然都有失公平。不同文化背景对此问题的理解也有所不同。在亚洲的很多地区，传统上仍然习惯于按照雇员的学历、工作资历而不是工作能力去评价雇员的工作绩效；而有些国家则在计算雇员薪酬时，不考虑年资而是严格按照工作岗位要求进行测算，实行同岗同薪制度。

工会和劳工组织在保障雇员权利方面具有重要作用。在改善雇员工作条件、给予雇员合理薪酬、保障雇员就业权利等方面，比起单个雇员的努力，依赖工会等劳工组织的力量进行集体协商会更有效果。在工会等劳工组织发达的地区，雇主也经常会组成行业公会与其抗衡。通常，经过多方博弈而达成的能够被普遍接受的雇佣条件，可以实现雇主与雇员的“双赢”。

雇员工会在确定薪酬和裁员方面具有特别的作用，罢工经常被用作与雇主相抗衡的工具。通过雇员工会组织的罢工可以减少雇员自由罢工的危害，因此，很多国家规定雇员工会有权利举行罢工。一般情况下，有关罢工的事项会提前公布。毕竟，罢工是一种讨价还价的手段，而不是破坏性行为。

雇员工会在有些国家有很大影响力。除了欧洲国家，美国、韩国等国家的雇员工会同样发挥较大作用，而有些国家，雇员工会力量相对比较薄弱，雇员权利的保护主要依赖法律规定、雇主自律及传统惯例。

二、忠诚与告密

当企业决策者作出错误决策或企业利益与雇员个人道德观念发生冲突时，应该忠实于企业利益还是忠实于个人价值观？如果这种冲突发生在企业利益和社会利益之间时，当事雇员又应该如何行动？有关雇员忠诚与告密的争论，也是工作伦理讨论的主要问题之一。

一些企业虽然鼓励雇员的告密行为，但严格限于内部告密（即越级反映问题）；有些企业则不太倾向于鼓励告密行为。多数企业都不太容忍雇员对外部的告密行为。在几十年前，人们对告密者的容忍度更低。参与旧金山湾区BART（高速交通系统）建设的三位工程师霍尔格·约尔茨万、罗伯特·布鲁德、马克斯·布兰肯泽的遭遇，就是一个典型案例。

1962年，旧金山湾区拟由联合公司承建BART高速交通系统，工程预算为10亿美元。由于前期工程估算低估了施工的技术难度，导致建设过程中成本增加，超出预算。在施工过程中，公司拟将部分尚不成熟的技术引入该系统，以降低成本。

当事的三位工程师发现了这一问题，并反复提醒公司管理层使用不成熟的技术可能导致某些问题，但未能得到公司的重视。在整个过程中，三位工程师均进行了书面报告。1971年11月18日，约尔茨万经其他两人同意后，起草了未署名的备忘录提交给公司。

在这个过程中，三位工程师感到需要通过独立的第三方专家形成一份中立报告，以验证他们的意见是否正确。在与公司管理层接触后，他们认为公司管理层对这一想法有兴趣，于是委托爱德华·巴菲纳进行技术鉴定，并要求他在1971年11月之前向工程师和联合公司管理层提交调查报告。

公司新任经理丹尼尔·海利克斯对三位工程师的意见表示重视与肯定。在1972年1月的商讨会上，他接受了三位工程师的主张，约尔茨万也向他提交了备忘录的复印件和巴菲纳的鉴定意见（该项文件仅提供给公司领导层参考）。1972年1月9日，当地的一份报纸Contract Costa出人意料地刊登了该备忘录。事后证明是该记者通过追踪调查诱使海利克斯说出了巴菲纳报告的存在；1月20日，该报再次刊登了报告全文。

事情被曝光后，公司管理层极力想要找出幕后操纵者并追究责任。2月24日，公司举行了部门经理会并在会上一致同意开除向舆论告发的知情人。

三位工程师之一的罗伯特向其上司瓦格纳求助，并透露了自己曾参与聘请外部专家的事情，瓦格纳及其上司逐级向上汇报了此事，三位工程师被解雇。不仅如此，公司还对外大肆宣传三位工程师是告密者和惹是生非者，阻挠他们寻找新的工作。

虽然事后进行的所有独立调查都证实了三位工程师对技术问题的看法是正确的，

工程师协会也发表声明，证实三位工程师的所作所为完全符合工程师协会的伦理守则，认真履行了工程师对社会公众所应承担的责任，三位工程师也将联合公司告上法庭，但由于他们私下委托巴菲纳进行鉴定，三位工程师获胜的机会渺茫，被迫于1975年接受了庭外和解，所获得的补偿极其微薄，三位工程师的职业生涯就此受到了重创。（思考一下：三位工程师的遭遇存在哪些伦理冲突？）

虽然现在已经有越来越多的公司建立了内部流程鼓励其雇员及时报告公司发生的不道德行为，以避免因发生违规事件而损害公司利益，但总体上看告密（即使是内部告密）行为仍然是不受欢迎的。

雇员一般也不喜欢告密和告密者。但是，在工作场所人们不可避免会碰到一些两难处境，就像湾区高速交通系统项目中的三位工程师一样。对于约尔茨万、布鲁德和布兰肯泽来说，作为工程师，他们必须对工程建设中的技术问题和工程质量负责。他们及时、谨慎地向上司反映情况，为了证明自己的看法，还请了外部顾问帮忙。当事情曝光后，他们却成为办公室政治的牺牲品。很多雇员，尤其是专业人士，都可能遇到这样的问题。

本小节重点讨论以下问题：办公室政治如何影响雇员的忠诚，内部报告与公司规制以及告密是否意味着不忠诚于公司利益。

（一）忠诚与办公室政治

办公室政治是每个职场人士都必须面对的现实。传统的经济学分析将企业看作一种理性组织，人们按照正式的权力架构进行组织和协调，以实现组织目标。但现实中的企业组织不仅存在正式权力架构和沟通渠道，还存在若干非正式的组织联系。雇员置身于企业组织中，仿佛置身于一个政治团体，彼此为获得权力、资源以及个人的职业发展机会而进行竞争与合作。亨利·明茨伯格对企业组织的理性与政治性进行了分析，指出企业是一个类政治组织而非理性组织（Mintzberg，1983）。在企业政治组织中，具有相似背景和目标的雇员形成小群体，与其他群体相互竞争，从而获得他们所需要的资源和权力，以实现各自的目标。因此，在企业组织中发挥作用的不仅有正式的权力架构或者雇佣契约，还有某个个体或某个群体影响他人、改变他人行为的影响力。在这种情况下，企业组织中的道德问题就不仅仅是契约责任问题，那些拥有组织内部“权威”的人如何运用其影响力、如何看待道德自律，也是非常重要的。

当企业组织的伦理氛围比较薄弱的时候，企业内部的非正式组织就更容易发挥作用甚至可能取代正式组织的大部分权力架构。在这种情况下，组织目标、群体目标以及雇员目标之间的差异性，将会使雇员的忠诚责任变得模糊不清，有些雇员会更忠于小群体而不是企业组织的利益。

办公室政治是一种现实存在，这个政治团体中的每一个个体都必须作出自己的道德选择。哈佛商学院教授巴达拉克(2008)写过一本名为《沉静领导》的书，讲述了组织内部沉默的忠诚者的故事。在这本书中，巴达拉克称安然公司内部审计人员沃特金斯是“沉静”的英雄，他宁愿以一种负责任的幕后方式来报告并纠正组织中发生的不道德行为。他可能选择越级报告，力求在组织内部按照一定的程序解决问题而不是向外部揭发问题。该书译者在探讨“沃特金斯”们的动机时是这样说的，“作为个人，这些人对他们的个人利益有着健康的认知和判断”，他们只是“出于一名雇员对公司的忠诚、对公司前途的忧虑”，“尽量避免无关的同事受到牵连，他们尽力按照正常的渠道来反映事情的真相，他们始终以谦逊、克制和持久来捍卫自己的职业操守，妥善地处理对公司同仁与社会公众的忠诚”，他们更愿意在幕后进行活动而不是成为揭发丑闻的英雄。

（二）告密者：忠诚与背叛

道德两难是告密者经常遇到的问题，忠于自己的道德观念，去揭露组织内部的不道德行为，通常会面对违背忠诚原则的压力。

在中国文化中并不缺乏告密传统。历史上诸多告密行为所造成的巨大伤痛至今尚未抚平，很多人对告密政策仍然深恶痛绝。因此，企业在设立内部报告制度时，需要慎重界定报告不道德行为的合理界限。此外，内部报告制度也存在一些负面作用，例如，公司内部员工之间相互猜忌，甚至会产生为了个人私利而进行抹黑或诬告的行为。通常，公司只鼓励雇员进行内部报告，而对将公司丑闻暴露给外界的雇员态度就完全不一样。

很多希望忠诚于自己道德信仰的雇员经常面临非常困难的选择：假装什么也没看到，继续在组织内部工作，这可能是他们的道德信仰完全不能容忍的；依循公司内部报告制度，但看不到结果；以匿名方式或公开方式向公司外部检举，但这可能严重伤害公司声誉，同时使自身受到严重伤害；离开公司，将难题留给其他人。

无论作出何种选择，对雇员来说都很困难。回想一下沃特金斯的故事，她小心翼翼地在公司利益、专业伦理以及自我保护之间寻求平衡，但当她的故事被公开之后，不管她本人是否愿意，“沃特金斯”已经成为告密者的代名词。现在，沃特金斯在全球进行巡回演讲，告诉人们如何理解领导力与伦理，如何避免让自己的公司成为第二个安然。

“沃特金斯”们在选择成为“告密者”时，他们经常面对不同伦理之间的内在冲突。在沃特金斯的案例中，她不得不选择是忠诚于自己的职业道德还是忠诚于她的同事和朋友，选择了其中一个就必然背弃了另一个。在选择面前，有人坚持道德信条就是道德信仰，有人却认为每一种道德信仰都需要视其后果而定。“沃特金斯”们需要衡量的是以何者为重，不同的人可能作出完全不同的选择。无论如何选择，“告密”还是“不告密”，对当事人而言，都是痛苦的。

虽然这些忠诚的雇员最终可能被视为背叛者,但企业内部告密者在维护社会公义方面显然是很重要的力量之一。通常,只有内部人士才能掌握那些不道德甚至违法的商业行为信息,如果没有内部人的揭露,这些问题可能永远不会为人所知。

(三)告密与内部报告

雇员的基本职责是保持对组织的忠诚,但忠诚既存在于正式的权力架构(如服从上司的命令)中,也存在于个人关系(如对有权威者或亲近者的个人忠诚)中。在传统的组织伦理中,雇员必须按照公司指挥链条的设计逐级报告,但是当雇员发现其直接上司涉嫌不道德行为(如沃特金斯女士发现其上司斯基林的不正当交易行为)时,逐级报告制度将使想要维护公司利益的雇员面临困难。越级报告的制度化可以减少雇员在揭露公司内部不道德行为时的窘迫感。

针对内部报告制度,不同企业可能持不同态度。鼓励公司内部告密的文化在英美公司里比较盛行,内部披露被视为遏制不道德行为的重要手段。美国联邦企业审判规则规定,如果企业没有建立用于报告存疑意见和不当行为的内部报告系统并保障系统的有效运行,将可能产生严重后果:这些企业将面临逐渐加大的经济罚款及可能承担刑事责任。相反,对那些已经采取措施预防不道德行为的企业,则有可能降低处罚力度。

2010 年,美国国会通过了《多德—弗兰克金融改革法》,该法案设立了一个新的告密者项目,由 SEC 负责其运作。该项目强化了对揭露公司不法行为的告密者的保护力度,并向其提供经济奖励:如果告密者提供的信息得到核实,对公司罚款超过 100 万美元时,告密者可以得到 10%～30%的奖励。根据美国 SEC 报告,2010 年 8 月《多德—弗兰克金融改革法》通过后,SEC 在不到一个月时间内已经收到超过 330 份举报,所揭露的不法行为包括操纵市场、财务欺诈以及企业不实信息披露等,举报范围涉及美国本土 37 个州以及部分海外国家。同样,中国国家税务总局对检举偷税漏税行为者,也提供相应的奖励项目。

从国内的实践来看,来自企业内部的匿名举报也是揭露不道德或不法行为的重要渠道,尤其是在政府和法律监管力度薄弱的地方。例如,2011 年康菲公司漏油事件就是由互联网上的匿名信息披露的,据调查,该消息来源应为公司内部人员。同样,中石化"天价酒单"事件,也是其内部雇员通过网络平台曝光的。互联网的存在,给雇员匿名揭露公司不道德行为提供了重要的途径。

多数雇员并不愿意将公司内部的不道德行为公布于世,他们更愿意在公司内部的制度架构下解决问题。只有缺少内部报告制度或当制度不起作用时,他们才会对外披露信息,希望借助其他力量迫使公司采取正确的行为。因此,为了鼓励雇员在公司内部报告而不是将信息披露给社会公众或政府机构,很多公司采取措施鼓励雇员使用内部报告系统。例如,一些欧洲公司甚至采用保密技术,使告密者可以在匿名的情况下与公司道德监察人员进行沟通,即使是监察人员也无权了解举报者的个人信息。

而从公司的角度,公司更愿意将报告制度限制在公司内部。一些公司设立了首席道德官,并鼓励雇员在发现组织内部存在不道德行为时,向首席道德官或者首席执行官直接报告。这种鼓励越级报告不道德事件的制度设计,被称为"内部披露制度"。企业建立内部披露制度,对企业长期绩效具有正面的影响。愿意揭发企业不道德行为的雇员,通常都是对企业忠诚度较高的雇员。但由于雇员的告密行动可能对雇员自身的社会关系产生不良影响,一些企业建立了对内部报告人的保护制度以减少这种负面影响。例如,对内部审计人员实施保护、允许匿名报告等。一家美国商业与证券律师事务所 Labaton Sucharow 所做的调查也显示,约有 3/4 的雇员愿意揭露其工作场所中存在的不道德行为,但前提条件是不用担心受到报复、可以匿名,且其中多数人是在有奖励的情况下才会这样做。

需要反思的是,为什么在那么多公司中,雇员宁可选择向公司外部揭露组织内部的不道德行为,而不是在组织架构内解决问题。决策者们需要意识到,即使是在伦理氛围薄弱的公司中,个人道德信仰仍然会发挥作用。当雇员无法在组织内部解决问题时,就只好转向外部世界。即便是在鼓励内部报告制度的公司中,也有很多的雇员对内部报告的反馈结果不满意。正如我们在安然公司、世通公司案例中所看到的那样,当问题不仅涉及公司内部少数人员的不当行为,还涉及公司重大利益时,内部报告制度不会解决任何问题。

三、言论自由与隐私权

企业为了提高公司的管理效率和保护公司整体利益,经常会要求其雇员让渡部分权利,由此引发了公司利益与雇员公民权利的冲突。在争议中,雇员的言论自由权和隐私权是最经常被讨论的问题,也是雇主和雇员矛盾较多的地方。

(一)言论自由权

雇主对雇员言论自由的限制主要集中在限制雇员发表对公司不利言论方面,一些公司设立了相关的言论审查机制,要求雇员不得对外公开批评公司内部事务;有些机构禁止雇员在各种社交网络媒体如 Twitter、Facebook、微博上发表与公司相关的信息。

信息和通信技术的普及,越来越方便人们在互联网社区上分享个人工作、生活经验和意见。雇员在上传信息的时候,往往未经深思熟虑,可能不经意间就泄露了公司机密,有时候也会因个人情绪而发表有损公司声誉的评论。如何对雇员言论进行规范,其实有很大弹性空间。

对雇员是否可以公开发表不利于公司言论这一问题，存在一定争议。有些人认为，雇员的言论自由不应受任何限制；但也有些人认为，即使雇员所提供的信息是完全真实的，也不应该公开发表对公司不利的意见。

有些行业，其存在本身可能就涉及道德争议。例如，烟草在很多国家被禁止进行公开的广告宣传，并被强制要求在包装盒上明示“吸烟有害健康”等提示语，有些更严格规定了必须附有令人厌恶的提示健康危害的图片。再如，为解决青少年酗酒问题，大多数国家规定不得向未成年人提供含酒精饮品。类似的还包括博彩业等。那么，在这些行业工作的雇员，是否可以参加戒酒、戒烟协会的活动，是否可以公开宣传饮酒和吸烟的害处？披露行业内幕是否算泄露公司商业机密？对此，还没有完全一致的看法。但普遍的情况是，这些行业内的企业都不愿意自己的雇员从事类似活动并通过各种办法加以限制。对雇员言论自由的限制还可能以其他形式出现。例如，美联社规定其雇员不得在Twitter等社交网络上提前发布重大新闻。很多人认为这种与工作有关的限制不属于侵犯雇员自由权利的行为。

在行业性的不道德行为面前保持沉默同样也会招致批评。例如，在三聚氰胺事件中，众多从业人员选择保持沉默，用该行业从业者的话说，“脓包是由新闻媒体挤破的”。人们可能经常思考，为什么这种行业性的不道德行为会长期存在而不被揭露呢？为什么总是只有少数人站出来呢？

仍以三聚氰胺事件为例。假设该行业的某个雇员试图公开揭露丑闻，我们对此假设进行分析。一方面，该雇员的行为确实可能对整体行业形象造成损害，但他所揭露的问题并不属于正常的公司机密，公司很难用此理由解雇该雇员。另一方面，虽然该雇员揭露不道德行为具有道德上的优势（三鹿集团的不道德行为已经触犯了法律底线），但在实践中他仍可能面临各种困难。雇员所在公司会认为他缺乏忠诚，其他雇员也可能因害怕失业等而反对他的做法。

很多雇主禁止雇员发表对公司不利的言论，有些企业甚至明确规定，禁止雇员公开批评公司事务，并在与雇员签署雇佣合同时明确告知雇员。在这种情况下，除非企业有明显的违法行为，否则雇员的言论自由权很难获得保障。在西方国家，雇员因公开批评公司而被解雇，由此引发的诉讼时有发生，但雇员一般很难获得法律支持，在有法律规定雇主可以随时解除雇佣合同而无须承担法律责任时更是如此。

美国广播公司播报了这样一则新闻：佛罗里达州一家律师事务所的14名员工因在周五穿着橙色T恤衫，被新来的主管视为对公司的无声抗议而遭解雇。由于佛州法律规定雇主与雇员的契约“随时可终止”，雇主不必因解雇而承担法律责任，雇员只能默默接受解雇。

对此，有人解释说：那天是圣帕特里克节的前一天，而橙色又恰好是英格兰表示忠诚的颜色。几十年来,总有某人会穿橙色服装去挑衅圣帕特里克节的绿色服装,这就好像去扇人耳光一样。也许这完全是个巧合,只能说太不走运了。

很多人无法理解这一案例中律师事务所的做法,但实际上很多情况下雇员的言论自由是受到限制的。一些人喜欢在社交网络上谩骂公司和公司领导,这些人很可能遭到与上述律师事务所雇员一样的待遇。

此外,雇员还会因发表与公司无关的不当言行而被解雇。

(二)雇员隐私权

雇员在工作场所拥有隐私权,除非因工作本身的要求,雇员有权自行决定在何时、何地、以何种方式披露与自己有关的私人信息。

对是否与工作本身相关的判断是隐私权保护的关键。雇主对雇员私人信息的收集和记录是否侵犯雇员的隐私权,取决于如何确定公司利益和个人生活的分界点。请看下面的案例。

德国利德尔集团是一家专门售卖廉价货品的大型集团,旗下有2700多家分店,遍布欧洲各国。2008年3月31日,利德尔集团在德国数家日报刊登半版广告为其非法监视员工行为而道歉。此前,公司在各家分店安装监控探头和雇佣侦探严密监视雇员并形成书面报告,虽然雇员知道公司安装了监控探头,但被告知该监控探头仅用于商场安全保卫、防止偷窃行为,并不知道自己的活动被公司记录在案。时隔不久,利德尔集团再次承认,公司在其内部信息档案中不当记录了雇员请假的详细原因,雇员的隐私(包括雇员的生育状况、精神状况、健康状况等信息)都被公司详细记录。事件曝光后,利德尔总裁遭解雇。

与利德尔集团类似,德铁公司也曾陷入“窃听门事件”。自1998年开始,公司一共五次对内部员工进行调查,涉及24万人,其中17.3万名员工的姓名、住址、电话号码、银行信息以及电子邮件通信记录被公司调查并记录在案。2002—2003年,公司还执行了代号为“巴比伦计划”的内部调查,将被调查员工资料与8万余名铁路物资供应商资料进行比对。

根据德国《明星》杂志报道,德国企业普遍存在对雇员进行系统监控的行为,工作场所安装监控装置已经成为很多公司的惯例,一些企业还雇佣侦探甚至内部员工对同事进行监视。欧洲空中客车公司德国分公司也在暗中监视约2万名雇员的银行账户,以对比员工与供应商账户信息,防止企业雇员可能存在的不当行为。此外,德国电信公司、德意志银行都先后陷入类似的非法监控丑闻。

德国公司的决策者将他们采取监控行为归咎于德国的法律制度,认为共同决策制度使雇员在公司管理和监督中具有重要的话语权,这可能导致雇员的泄密行为或利益冲突，因此，他们不得不采用更多间谍手段收集雇员私人信息，以监控雇员行为。公司还将监控行为与反对商业腐败联系在一起，认为雇佣侦探监控雇员是为了防止腐败和商业贿赂的发生。根据德铁公司的说法，“巴比伦计划”查出了300起违规操作，其中100起有可能涉及内部腐败。

德国公司监控雇员的行为曝光后，受到广泛批评。德国工会组织指出，采取监视措施无异于将所有的雇员当作小偷。德国联邦数据保护专员也指出，企业无权掌握雇员的健康隐私。相关公司的一些雇员和工会成员更进一步表达了他们的愤怒，“我非常生气，我简直不敢相信这么多年他们一直在监视我们”，“我对这样的公司文化感到震惊和厌恶，他们完全忽视了员工的权利和隐私”，“这与反腐败无关，这明明是管理层想掌控所有员工”。

企业到底在多大程度上可以搜集雇员的私人信息，在招聘及工作过程中，是否有权要求雇员提供与工作无关的私人信息？对这些问题，每个国家的法律规定存在一些差别。

美国最高法院曾经判决个人隐私受宪法保护，政府不得侵入，雇主记录雇员个人信息、进行心理测试、在工作场所安装监控等都可能涉及雇员隐私。在此规定下，记录雇员的家庭住址、健康检查结果等被认为是错误的，侵犯了雇员隐私权，雇主散布与雇员个人隐私相关的信息也会构成对雇员名誉权的损害，尤其是利用错误信息损害雇员声誉，更是如此。

另外，对雇员进行背景调查，在有些国家是一种普遍的行为，几乎不被认为是侵犯雇员隐私的；但在另一些国家，捍卫个人数据和隐私权的保护力度则很大，企业无权了解超出工作需要的雇员信息。对普通民众来说，上面案例中德国公司的做法，尽管不一定违反法律，但很难为一般雇员所接受，人们普遍担心雇主会如何使用他们的私人信息。对此，一位德国公司的董事长明确表示，将公司监控雇员的原因归咎于雇员显然是不对的，真正应该负责任的是那些下令做这些事情的人。

中国对私人信息保护的力度较小，信息的开放度也比较高，类似收入、年龄、个人爱好、婚姻状况等一般不视为个人隐私。但即便如此，类似上面案例中德国公司监控雇员的情况，也很难被接受。

雇员隐私权的保护还与信息技术的应用有关。越来越多的公司对雇员在工作时间如何使用公司资源有比较详细的规定，一些公司不允许雇员使用公司网络处理私人事务，另外一些公司可能允许这些行为。很多公司会利用计算机系统监控雇员在互联网上的活动，一方面是为了确认雇员是否正确使用公司的资源，另一方面是为了提高工作质量。例如，在处理与客户服务相关的事宜时，公司会进行记录以确保服务质量；在这个过程中使用电话监听、电脑记录等手段记录在职人员的绩效、工作习惯并进行客户管理。这些监控行为与工作有关，通常依据获得个人信息的程序是否合法来判断是否属于侵权行为。如果雇员被明确告知监控行为的存在并且同意接受监控，一般就不存在侵犯雇员隐私的问题，但在对所监控资料的使用方面，公司需要建立严格的制度，确保雇员隐私不被泄露。例如，监控系统可能会记录下雇员之间的私人谈话，这些谈话与工作无关，不应被记录在案或者被泄露。对私密空间（如洗手间和浴室）进行监控，公开雇员私人事务，泄露雇员健康医疗记录，擅自使用雇员姓名和肖像进行商业活动，监听雇员私人电话和私人电子邮件，这些都属于侵犯隐私的行为。对此，企业需要建立明确的政策指引，避免出现模棱两可，使雇主和雇员均有章可循，以减少冲突和违规行为。

在这方面，雇主需要注意，除了保证雇员的知情权之外，还应对雇员进行指导，并要求雇员签署书面同意书。此外，如果公司同意雇员在工作时间处理私人信件和私人电话，雇主就不得对雇员私人信件和私人电话进行监控。雇员的健康资料也属于雇员隐私。很多传统的中国公司对雇员的健康资料持一种相当开放的态度。例如，一些公司经常组织雇员进行健康体检，体检报告随意放置，使雇员的私人信息被泄露，这些都可能产生侵犯隐私的问题。与健康隐私有关的还有另一种情况。有些雇员罹患某些特殊疾病，如乙肝和艾滋病等，这些信息一旦被披露就很容易导致对该雇员的歧视。如果雇员从事的工作不需要披露此项信息，且雇员罹患的不是传染性疾病，则应该允许雇员自主选择是否对此保密，但有时候这也可能导致某些矛盾。例如：国内很多单位拒绝雇佣肝炎病毒携带者，虽然这种做法已经被法律禁止，但如果该雇员的同事不愿意与其共事，雇主应该如何处理呢？理论上，如果该雇员的疾患不影响其工作，雇主就不应以同事的喜好来决定是否雇佣或继续雇佣该雇员，雇员有权保护自己的隐私。但显然，做到这一点很困难。在我们的生活中，这仍然是一个需要讨论的问题。

复习思考题

1.工作场所的伦理标准是否有特殊性？如果有的话，你认为体现在哪里？

2.选择三个以上的公司作为典型，了解它们在保障雇员权利方面有哪些异同，并分析其原因。

3.组织的缄默效应是如何形成的？对企业的竞争力有影响吗？说明你的看法和理由。

4.组织效率和雇员公民权利是否存在冲突？如果存在，应该如何降低冲突？

第四章

商业伦理与企业家精神

案例导引

中国改革开放的经验充分印证了企业家和企业家精神在促进经济增长和创新发展中的驱动作用。随着竞争的日益加剧,企业应重视培养员工的企业家精神,尽可能为员工创造一个追逐企业家精神的环境,企业家要善于利用企业家精神的重大作用,实现企业的跨越式发展。中国未来经济发展也有待于全社会更多的人具有企业家精神。

2017 年 9 月 25 日,中共中央、国务院发布了贯彻落实《关于营造企业家健康成长环境弘扬优秀企业家精神更好发挥企业家作用的意见》的相关通知。2017 年 10 月 18 日,习近平总书记在党的十九大的报告中提出,激发和保护企业家精神,鼓励更多的广大人民群众积极投身于创新、创业之中。这说明国家对弘扬和培养企业家精神的重视。长期以来,企业家精神一直被认为是对增加就业、推动技术创新、创新新市场、推动部分区域经济增长方面具有重要作用。

第一节　企业家精神的内涵及影响因素

一、企业家的由来与概念

企业家“entrepreneur”一词是从法语中借来的,其原意是“冒险事业的经营者或组织者”。对企业家的认识可以追溯到 18 世纪,法国经济学家康替龙将经济中承担风险的行为与企业家联系起来。在英国的同一时期,工业革命正在演进,企业家在承担风险和自由的转化中扮演着显著的角色。

1890 年,英国经济学家阿尔弗雷德·马歇尔在《经济学原理》中提出:企业家是打破市场发展不均衡性的特殊力量,企业家的特殊性在于其敢于冒险和承担风险。由此,企业家开始作为独立生产要素被研究。

随后,美籍奥地利经济学家约瑟夫·熊彼特发展了马歇尔的理论。熊彼特将企业家作为创新主体,他认为企业家是会打破市场平静、利用变化寻找获利机会的创新者。但不同于马歇尔的观点,熊彼特认为企业家从不需要承担风险。革新失败可能会给企业家带来名声方面的损失,但其不会承担任何直接的经济责任。

当代管理学家彼得·圣吉对企业家的认识则更为务实，他认为企业家是当今最有力量改变世界、创造公平正义社会的一类群体。当面对饥饿、贫穷、环境恶化、道德沦丧等人类生存危机时，企业家应当有舍我其谁的担当。

在现代企业中企业家大体分为两类：一类是企业所有者企业家，从事企业的经营管理工作；另一类是受雇于所有者的职业企业家。在更多的情况下，企业家只指第一种类型，而把第二种类型称作职业经理人。

二、企业家精神的发展与内涵

企业家精神是指企业家组织建立和经营管理企业的综合才能的表述方式，它是一种重要而特殊的无形生产要素。

1911 年，熊彼特在其《经济发展理论》一书中提出了创新理论，基于创新理论又提出了“企业家精神”的概念，他的观点反映了创新是企业家精神的灵魂。

1985 年，德鲁克在其《创新与企业家精神》一书中继承并发扬了熊彼特的观点，并提出企业家精神中最主要的是创新，且这种精神需要在实践中不断提升。

威廉·鲍莫尔是继熊彼特之后，研究企业家精神的代表性经济学家。1986 年，他提出了四种不同的企业家精神：创新型企业家精神、模仿型企业家精神、非生产性企业家精神、寻租型企业家精神。

维杰·萨斯在其《公司的企业家精神：高层管理者和业务创新》一书中提出，公司的企业家精神不可预测，充满风险。公司里有些人打着企业家的牌子，重复别人的行动，鹦鹉学舌地说一些看似正确的话，附和别人的观点而没有主观的看法只不过是一种“虚假的企业家精神”。

我国学者方虹提出，企业家精神是指具有企业家素质的人或所属组织机构，基于一定的创新意识和进取态度，敢于承担风险和挑战不确定性，以其敏锐的洞察力发现投资机会，发挥个人特性或团队合作精神，是个人或组织机构获取竞争优势和实现效益最大化过程中不可或缺的要素。

我国学者丁栋虹提出，市场经济培育了企业家，企业家构建了市场经济。从这个意义上说市场经济也是企业家经济。企业家精神的生成与民族文化传统和社会经济环境有着一定的内在联系。由此可见，企业家精神的生成既植根于市场经济的大环境，又与特定社会的文化传统有着某种内在的渊源关系。

我国学者李杏认为，企业家精神有利于提高公司的发展业绩。企业家，尤其是公司的高层管理者对公司的业绩发展有着重要的影响。

我国学者郭治楠认为，企业家精神促进了我国的创业发展。他提出，经济发展的基础是建立在经济体系的内部环境变迁上的，企业家精神要求打破传统习俗的束缚。个人有自我选择的偏好和路径依赖，也就是说一旦个人形成固定的概念后，就会不自觉地朝着这个方向去行动，把过去的经验当作现在行动的准则。而在市场经济中信息瞬息万变，因而要求企业必须打破对这种路径的依赖，实现创新发展创业。

三、企业家精神的特征

（一）创新精神

熊比特指出，创新就是企业家对新产品、新市场、新的生产方式、新组织的开拓以及新的原材料来源的控制调配，企业家被称为“创新的灵魂”。熊比特在其《经济发展理论》一书中指出，经济发展是动态的，是对现存的均衡状况的改变。经济发展不是因为人口、欲望状态、经济和生产组织的变化，这些被称为“生产扩张的外部因素”，企业家对生产要素的重新组合才是经济增长的基本动力和内在因素。也就是说，创新是经济增长的灵魂，也是公司迅速成长的原因。

建立在熊彼特的创新理论基础上的企业家创新精神与经济发展的关系研究成为最受关注的领域之一。

我国学者欧雪银认为，创新精神是企业家精神最本质的特征。企业家精神代表着一种适应市场挑战并不断进行创新活动的品质，企业家作为技术创新与制度创新的载体，是推动社会进展的强大力量。与一般的经营者相比，创新是企业家的主要特征。企业家创新精神体现为：引入一种新的产品；提供一种产品的新质量；实行一种新的管理模式；采用一种新的生产方法；开辟一个新的市场。

（二）冒险精神

康替龙和奈特两位经济学家，将企业家精神与风险或不确定性联系在一起。他们认为，没有敢于冒险的魄力，就不可能成为企业家。1939 年，在美国硅谷成立的惠普；1946 年，在日本东京成立的索尼；1984 年，在中国成立的联想、海尔等，这些企业的成功无一例外是因为他们敢于冒险、敢为人先。

我国学者王丽敏、肖昆、项晶认为，冒险精神是企业家的基本素质。一个企业经营者要想获得成功，成为一名杰出的企业家，必须要有冒险精神。对一个企业和企业家来说，不敢冒险才是最大的风险。企业家在企业战略的制定与实施上，在企业生产能力的扩张和缩小上，在新技术的开发与运用上，在新市场的开辟、生产品种的增加和淘汰上，在产品价格的提高或降低上都可以体现企业家的冒险精神。

我国学者张玉梅认为，冒险是企业家的天性。商场如战场，机遇往往翩然而至而又瞬时即逝。随着机遇降临的有丰厚的收益，同时也有高风险。能不能抓住机遇，敢不敢接受挑战，是考验一个人勇气、智慧、能力的试金石，也是一个人能否成为企业家的分水岭。

（三）合作精神

正如艾伯特·赫希曼所言，企业家在重大决策中实行集体行为而非个人行为。尽管伟大的企业家表面上常常是一个人的表演，但真正的企业家其实是擅长合作的，而且这种合作精神需要扩展到企业的每个员工。企业家既不可能也没有必要成为一个超人，但企业家应努力成为蜘蛛人，要有非常强的“结网”的能力和意识。在企业经营管理过程中充当教练角色，不断鼓励员工进行合作创新，并指引、带领员工为既定目标而努力。

四、企业家精神的影响因素

（一）个体方面

个体方面的企业家精神研究主要集中于解释谁能成为企业家以及成为企业家的原因。也就是说企业家为什么选择创业，而不是就业。朱乾、杨勇等人认为，创业者的创业动机受教育背景、职业背景、管理经验、社会地位、年龄、性别和所处文化等方面的影响。虽然整个创业的中心是企业家，但其个人特质才是整个创业活动成功的关键。有学者认为，在众多个人特质中，其中起决定作用的有：创业倾向、获取资源的能力、适应性调整能力，而承担风险、管理才能、领袖气质等是次要的个人品质。在不同文化背景和经济发展阶段下，创业者具有不同的心理特征，这与他们的性别、年龄、教育程度、工作经验、家庭背景等都有一定关系。

在这里以企业家精神的性别差异举例。随着经济的不断发展和社会向前进步，国内的创业者群体不断扩大。然而，我国创业者结构却并不均衡，其中女性企业家占比显著低于男性。根据《中国商界女性的机会与挑战》发展报告，20世纪末，我国女性企业家只占企业家总数的20％。据调查显示，机会型创业率性别差异显著，女性机会型创业者受到歧视性因素的影响，且生存型创业率性别差异不显著，女性生存型创业者受到社会的鼓励。

两性创业大都集中于两类，分别是顾客服务类和移动转移类行业，其中生存型创业行业集中度要高于机会型创业。相较于男性而言，女性创业的行业分布更为集中，57.19％和64.67％的女性选择在顾客服务类行业进行机会型和生存型创业，从事机会型创业的女性也往往会优先选择自己熟悉的行业，只有极少数会冒险去选择高新技术行业。因为女性风险规避程度较高，再加上女性往往缺乏相关高新技术行业需要的资金、技术，所以造成了女性创业的低创新率。这也与女性在家中的家庭地位、传统教育观念有关。

调查显示，总体样本中男性的家庭财富分布较为平均，但是女性的家庭财富偏低，男性高家庭财富比率明显高于女性很多，而且女性不就业或者受到就业歧视，工资收入偏低；此外由于受到传统文化的影响，女性在家庭中的经济地位较低，通常没有所在家庭财产决策权和支配权。

（二）企业团队

随着现代经济的不断发展，有关高新技术创业活动的现象在不断增加，广大的人民群众逐渐发现，如果只依靠个人的力量难以实现企业的创建。Kamm认为，任何一种创业活动的顺利进行绝大多数都是基于一个创业团队而并非一个单独的创业个体，50％以上的企业是由创业团队创建的。团队创业的普遍化，使得团队方面的研究主要集中于团队人口变量、团队的构成、团队创业过程、他们的专业背景、受教育程度和团队规模等因素对新创企业的影响。由于团队方面企业家精神呈现复杂性和动态性，需要考虑动态下创业团队的创业过程与创业绩效。

（三）行业与区域

由于存在地域差异，每个行业之间都存在着不同的竞争力和进入条件，区域地理条件和行业特征在企业家精神的培育方面起着一定的作用，因此，不同区域和行业之间在创业行为上都存在很大的差异。企业家精神在很大程度上是一种区域现象，区域和行业方面的企业家精神的研究主要集中于研究区域创业文化、行业企业家精神的影响。研究者认为，创新氛围是创业活动的决定因素之一。由于各行业和地区发展阶段存在着差异，一个行业的发展为新企业的创立提供了机会，同时新企业也为该行业的发展提供发展动力。

（四）产业聚集

学界对产业集聚的概念没有达成共识，在理论研究和实证研究中很多的学者将集聚等同于产业集群，没有对他们的概念进行区分。例如，欧雪银认为，产业集聚是一种通过企业家精神产生地理临近的产业现象，产业集群没有三个网络维度，只包括一个地理临近性维度。对企业家精神的影响可以总结为以下几个方面。其一，产业集聚能够为企业家创业和创新的交易降低成本，更加方便于企业家进行更多的创业创新活动。随着产业发展的深化，企业与企业之间的合作因地理距离而产生较大的交易成本，地理位置相近的企业之间产生的产业集聚则会减少这种交易成本。其二，产业集聚可以充分增强企业的竞争力,对增强企业家创新的积极性有推动作用。竞争对手的存在使得企业为了防止被其他企业超过或者打败,需时刻保持创新的压力和动力,这样产业集聚就可以鼓励企业不断地通过自主创新或者模仿创新来增强自身的竞争力,从而打败竞争对手。其三,产业集聚可以让企业变得更加专业,它有利于提高企业家精神的水平。企业集聚可以使地理位置相近的企业彼此之间更容易获得资源、资本等并进行流通,也通过不断竞争和资源整合使企业在市场分工更加专业。

企业家精神毫无疑问是促进经济增长的一个重要因素,它不仅通过鼓励创业和创新增强企业的竞争意识,提高企业整体的劳动生产率,加快产业的转型升级,不仅增加广大人民群众的就业岗位,提高就业率。

第二节 中国企业家精神的发展历程

案例导引

诺基亚的落幕

诺基亚曾经是手机行业的一代霸主,从1996年开始,连续14年占据手机市场份额第一。然而,微软公司在美国时间2013年9月2日晚间宣布,将以37.9亿欧元的价格收购诺基亚旗下的大部分手机业务,另外再以16.5亿欧元的价格购买诺基亚的专利许可证。这意味着通信领域中一个时代的结束,移动手机智能时代随之到来。因没能跟上智能手机时代的步伐,在苹果的iPhone横空出世之后,诺基亚迅速衰落。2014年,诺基亚宣布把手机生产设备和服务业务出售给微软,并授予微软两年的诺基亚手机品牌使用权,自己则正式退出手机市场。

诺基亚承载了国人的手机情怀,早期中国人的手机基本上都是诺基亚的,它的质量得到了消费者的认可。现在沦落到被收购的地步,不得不让人觉得惋惜。不过这也是时代发展必然的结果,当诺基亚通过模拟机转化2G超越摩托罗拉的时候,沾沾自喜,却在3G时代来临时故步自封,仍然采用手机物理键,而不是学习Andriod采用触屏机,因而在短时间之内,诺基亚被市场淘汰。

在这个信息智能化迅速发展的时代,每天都有新的企业诞生,也有一些老企业倒闭,从来没有一个企业是常胜将军。企业家们不能阻止时代的迅速发展,而他们应该做的就是顺应时代、顺应市场,不断地与时俱进,不能故步自封,眼界要长远。不同于以往的经商经验,前辈教导我们的大多是经营经验,比如诚信、道德,而现在科技是第一生产力，我们不仅要继承前人的经商精神，还要掌握时代发展的规律，坚定唯有创新才能立于不败之地。

（资料来源：百度百科，作者整理编写）

一、中国近代工业化初期的企业家精神

1840年，爆发了鸦片战争，清政府大败，中国的大门被西方列强打开，小农经济遭到严重破坏，并逐渐解体，因此，民族资本主义得到了发展的空间。为了顺应时代的发展，上海发昌机器厂，广东南海继昌隆缫丝厂、天津贻来牟机器磨坊、张裕葡萄酒公司等民族企业相继出现。但是，在封建主义以及国外资本主义的摧残之下，民族企业的发展曲折而复杂。

直到20世纪初，西方列强忙于争夺海外利益，中国推倒了封建王朝的统治，民族资本主义才得到了"短暂的春天"。近代的企业家精神在这个时期已经开始出现。在这个时代阶段的实业家，希望通过发展民族资本主义，来拯救这个落后的国家。于是，整个时代出现了以下三个鲜明的特点：一是民族危亡的自救；二是外国资本主义对中国的影响；三是民族精神和民族意识空前高涨。正是这些原因，这个时代的实业家，不以盈利为主要目的，而把自己的企业与整个国家的命运联系起来，实现共同进退。

因此，在这样的时代背景之下，出现了一大批杰出的实业家。例如：张謇——大生纱厂（江苏南通）；荣宗敬、荣德生——保兴面粉厂（江苏无锡）；周学熙——启新洋灰公司（河北唐山）；刘懋赏、冯济川——保晋矿务公司（山西）等。而在这些实业家身上我们会发现，他们有着很多的共同点。首先是一种敢于担当、大无畏的精神，在那个年代，并不是每一个国人都愿意承担拯救国家的重任，他们的生命及财产安全有着严重的威胁。但是，官僚主义和国外势力的压榨并没有打倒他们，他们带领企业在夹缝中不断生存发展。其次是中华民族骨子里流露出来的一种自强不息的精神和民族意识。这个年代的实业家，汲取了儒商精神，取其精华、弃其糟粕，并把它与西方先进思想结合起来，也把中国儒商文化中的义利结合表现得淋漓尽致。

二、新中国成立后在工业化迅猛推进下的企业家精神

中国的近代化虽然开始得很早，却因缺乏稳定的政局而没有完成。一直到新中国成立，我国才真正开始了工业化。当时有两大国家任务：一是工业化；二是打破西方国家的包围封锁。因此，当时的企业呈现出两个鲜明的特点：一是很强的无私奉献精神；二是企业命运与国家命运联合在一起。从1952到1956年，国家实行"三大改造"，即逐步实

现对农业、手工业和资本主义工商业的社会主义改造。这个计划对于资本家而言无疑是一个打击,这意味私有企业被国家掌控,企业家不再掌握绝对的话语权。但是,总会有杰出的企业家为了响应国家号召而主动放弃私人企业,如荣毅仁、乐松等,他们都具有极高的觉悟和极强的积极性。

新政府刚刚成立,在发展经济方面有太多不了解的地方,“三大改造”的提出是一个折中的方法,既能尊重战时民族资本家的无私帮助,又可以实现国家的政治目标。“三大改造”触及的资产阶级利益特别大,但正是因为这些杰出的资本家响应号召,才大大减小了阻力,让“三大改造”在短短几年就得已实现。

当初肯定有人会反对,认为这些企业家是害怕强权,但这就是一个正确的投资,展现了一个企业家该有的远见,更体现了一种冒险精神。双方也达到了互利共赢的局面:一是无私奉献帮助国家度过困难时期,得到了国家及社会的尊重;二是为自己的家族打下了生存发展的强大基础。因此,这些企业家何乐而不为呢?只有实现家国同构,有国家的支持,企业才能保持长久的利益。

三、改革开放后的社会主义市场经济下的企业家精神

1978 年冬,安徽凤阳县梨园公社小岗生产队的 18 位农民按下手印,分田到户,率先实行农业“大包干”。由此打开了中国的新时代——改革开放。随着改革开放的不断进行,企业成了自主经营、自负盈亏的市场主体,现代企业家集体开始出现,企业家精神又上升到一个新的高度。而这一切的出现都是归功于小岗村的率先改革,农民的这一个冒险精神似乎成为中国现代企业家精神出现的苗头。

改革开放之后,中国迎来了前所未有的机遇,但是风险也是巨大的,尽管如此,不少人纷纷下海经商。就目前国内的许多优秀企业代表都是在那个年代开始发展的。在改革开放后的中国,有两种企业类型:一种是集体性质的企业,比如张瑞敏的海尔最初就是一个集体企业,柳传志的联想也是一个科研院所办的集体企业;还有一个来源是乡镇企业,比如鲁冠球,当时的万向就是乡镇企业。我们可以看见,这些企业家的出身天差地别,但无论他们的背景怎么样,都顺应了时代的发展潮流。

这个时代的企业家精神突出这两个特点。第一个是冒险精神。改革开放给了更多人机会,巨大的利益吸引很多普通人去“下海”创业,创业的过程十分艰辛,而当时的中国还没有一个完整的企业规则,也就是说有许多未知的领域,许多人因此血本无归。但正是由于他们的不断探索,今天中国的企业家才能汲取教训,并少走了不少弯路,历史应该记住那些失败的人。第二个是契约精神、工匠精神、创新精神等。当时的企业家开始逐渐与国际接轨,接触了国际上许多先进的知识,国际格局意识也越来越强,并积极主动参与国际竞争。这一代的企业家可以说是真正意义上的现代企业家。

四、新时期企业家精神的发展

企业家一词涵盖了富有创作力、勇敢、敏锐、具有很强的洞察力、能准确地评估市场并作出相应的决策的一些人，他们具有很强的组织能力，可以调动起整个团队，是资源配置者。企业家精神本身被视为生产过程的一种投入品，根据不同用途和预期变化从一种用途转移到另一种用途。企业家精神也会在不同经济部门和不同活动方式之间被重新配置。

企业家精神包括冒险精神、创新精神、合作精神。其中，创新精神被多数研究者认为是企业家精神的核心。在很多情况下，他们的动机并不是单纯以利益为主，而是追求自我实现，即经济首创精神。这种精神是实现新组合的原动力，是驱动和激发企业家经营创新能力及其他能力的内在心理意识，是企业家精神的灵魂所在。当然，这些精神不是每一个企业家都具有的。

自中国加入 WTO 之后，中国的经济迅速发展。为了适应时代的发展，不少企业都进行了转型升级。企业的改造突出了两个特点：一是为了适应时代的发展及大众生活的需求，企业纷纷提高技术创新能力，这个阶段的企业家继承了原来的企业家精神，不仅仅是企业家对国家的无私奉献精神，更多的是把实际利益转让给大众，从而更好地打造公司的形象，追求长远利益；二是企业家的格局有很大提高，加入 WTO 后，中国企业不再局限于国内市场，而逐步扩大海外市场，一批企业家继承了冒险精神，为实现中华民族伟大复兴作出巨大的贡献，甚至有的代表国家进行外交。

但是这个时期的企业家精神还存在不少瑕疵，例如，群体道德意识淡漠。在每年的“3·15 晚会”中，多家企业被点名批评。例如，大众途锐汽车发动机进水问题，多个消费者投诉了大众汽车旗下途锐汽车的发动机进水问题。随后，该公司给出回应称，该现象并非设计问题，并给出“拔掉排水阀”的解决方案。然而，车主认为这样的解决方案会影响车辆在涉水等场景的正常使用。经过半年多的等待，大众汽车才宣布了召回方案。山东省枣庄市多家企业大量生产“山寨”核桃露、核桃花生饮料、杏仁露等市面上流行的饮品，有的甚至连包装设计也一并模仿。金顺源食品有限公司在众多食品加工厂中的一家，央视记者看到该厂的一个池子，该厂经理说是消毒用的，但消毒条件并不符合安全卫生要求。

这些严重地损害了企业家精神。在互联网时代下，一些电商企业刚开始利用广告宣传发展得非常成功，但在随后的发展过程中，经常被用户反映产品存在质量问题。

时代无时无刻不在发展，为了适应新的市场规则，为了实现中华民族伟大复兴梦，企业家精神应该得到弘扬和发展，每一位企业家都需要严格要求自己，不断地进步发展，以逐步完善中国企业家精神体系。

五、当代中国企业家群体呈现出的一些规律

(一)性别

从性别上看,女性企业家的比例低于男性企业家。同时,女性创业出现创业层次低现象。一部分学者认为,与男性相比,女性体力较差、风险承担能力较低、人力资本和社会资本等积累不足,在社会社交中属于弱势群体,甚至出现被歧视现象。

女性之所以创业率低主要受两大方面影响:一是女性的风险规避程度高于男性;二是女性创业的人力资本和社会资本相对较低。因此,在性别上,男性创业者更多。

(二)年龄

在年龄结构上,20～29 岁这一年龄结构对企业家精神有负面影响,该人口结构的人口每增加 1 单位,私企就业比例将减少 4.711 个单位。其主要原因是:这一年龄段的人群缺乏资本积累、经验和丰富的人际网络,创业资源相对有限;此外,这样一群人依然是一群青壮年,缺乏一定的社会经验和创业机遇。

30～39 岁这一年龄结构对企业家精神有显著的正影响。该人口结构的人口每增加 1 单位,私企就业比例将增加 5.179 个单位。其主要原因是:这一年龄段的人群已经有了一定的物资积累,社会经验和阅历也相对较为丰富,创业对他们来说更为容易。此外,这一年龄段的人是青壮年中逐渐走向成熟的群体,他们既具备青年人勇气和新颖的想法,又形成了比较全面的思考问题方式,具备把企业家精神付诸行动的实力。

60～69 岁这一年龄结构对企业家精神有显著的负影响。其主要原因是:与“而立之年”的人群相比,60 岁以上的人相对缺乏创新精神,创业的动机和时机都对这一年龄阶段的人口较为不利。

六、中国企业家精神的现状和原因

自从中国经济进入新常态以来,工人工资逐渐提高,不少大型企业纷纷奔向非洲等地,竞争逐渐加剧。这种形势迫使中国必须改变经济增长方式。但我国在经济转型中出现了很多问题。中国企业在全球化竞争中面临的挑战愈加严峻,企业家精神也在这个时代面临着重大考验。

(一)缺乏冒险精神

受当前宏观经济影响,我国民营企业普遍面临资金紧张、产品成本上升等生存困境。但一些企业家依然是保守的,面对跨国公司和一些创新品牌的新技术,他们只会去

模仿抄袭,却不愿意去投资创造新的适合企业发展的技术或模式;对企业的发展方向瞻前顾后,对企业可能面临的转变普遍存在"不愿、不敢"的想法;满足当下、故步自封、墨守成规,缺乏自强不息的进取精神,只求在"倒闭潮"中安然度过,不敢贸然行动,以求自保。

(二)市场经济体制不完善而抑制发展

市场经济体制不完善,导致民营企业发展、生存受限。寻租空间越大,企业家才能错配现象就越严重,资源就越不能得到合理配置。自改革开放以来,我国实行以公有制为主体,多种所有制经济共同发展的基本经济制度。很多行业被国有企业长期垄断性经营,国有企业占有较大的资源分配权。民营资本一直以来都是国有资本的附属和补充。民营企业要想在商业市场上占据一定的市场份额,就不得不避开国有企业垄断领域,这在一定程度上打击了企业家创新、创业的热情。

(三)缺乏培养企业家精神的土壤

第一,制度环境不完善。良好的制度环境能够营造良好的商业环境,降低市场中的不确定性,建立企业家对市场的信任。我国市场的监管力度不健全,有关市场监督管理的法律出台有较为明显的滞后性。我国的监管制度较为松散,给企业的一些不正当手段留下了一定的存在空间。

第二,缺少文化底蕴。我国传统的"中庸"之道排斥竞争,压制创造性,抑制竞争性观念,对商人抱有强烈的偏见,认为商人"轻义",这对于培育企业家精神十分不利。1945年,哈佛商学院在全球首开企业家精神课程,随后又对课程设置、教学理论及教学方法等都进行了研究,强调培养具有创新性、创造性与理性风险承担能力的新型人力资本。虽然我国近几年将企业家精神与高校创业精神结合起来,但是在成果方面,还需要时间的积累。

七、政府的角色

(一)完善市场体制,规范价值规律

良好的市场环境是发展培养企业家精神的必要条件。但我国现阶段市场仍存在国有企业占有大部分资源分配权、市场混乱真假难辨、市场暴利、垄断市场较多、政府腐败、非法寻租活动较多等现象,从而大大阻碍企业家精神的发展。这些问题导致市场价值规律遭到破坏,资源配置不合理,使刚起步的中小型企业及富有民族特色的稀有企业面临巨大的压力。因此,建立市场管理法制体系是不可或缺的。

(二)有意识地培养企业家精神

党的十七大明确提出,建设创新型国家,是国家发展战略的核心,也是提高综合国力的关键。为培养我国创新型人才,不妨从大学生入手。大学生具有一定的科学知识基础,又是一个国家新生的力量。他们适应性强、思维活跃。同时又即将走出校门,面向社会,投入社会生产劳动之中。

当前社会,大学生就业难依然是一个严峻的问题。事实上,大学生缺乏的不仅仅是求职技巧,更是新价值思维方式。企业家精神的培育不是单一主体就能够完成的,它需要高校、企业、政府、社会组织(如孵化器、行业协会、公共平台等)等多主体协同完成。

第三节 新时代企业家精神给当代大学生的启示

一、新时代企业家精神的内涵

企业家的最终使命不是获利,而是推动社会的进步和发展。那么,作为一名新时代的大学生,一定要明白新时代的企业家精神至少包含以下四个方面。

(一)创新精神

美国政治经济学家熊彼特认为:"企业家即创新者。"创新是一切企业发展和进步的源泉,是企业家最重要的特征之一,当具备了创新精神时,也就相当于具备了打开新世界的工具。这里的创新可以指引入一种新的产品、实行一种新的管理模式、采用一种新的生产方法、开辟一个新的市场等。

(二)冒险精神

"企业家"一词源于法文"Entrepreneur",意思是"敢于承担一切风险和责任而开创并领导一项事业的人"。我们都知道,任何的创新和改变都需要冒险,但不是所有人都敢于冒险,冒险就是在向一个未知的新世界挑战。因为没有前车之鉴,所以很多人害怕失败还是会选择循规蹈矩。

关于创新和冒险精神,乔布斯就是一个很好的例子。乔布斯是苹果公司联合创办人,他经历了苹果公司的兴衰,一步步带领苹果从低迷走向成功。对于创新,乔布斯早在1982年的学院颁奖典礼上就说过:"如果你想做一点创新的事,你一定要拥有与众不同的经历。否则,你能想到的点子别人也都会想到,也就没有创新与否了,更没人会给你颁奖了。”这种创新意识也给他之后的创新之路奠定了基础，特别是 2010 年推出的 iPhone4 其简约风格很快风靡全球，现在苹果公司的影响力在全球范围内越来越大。

（三）敬业精神

敬业有两层意义：一是对自己职业或事业的尊重；二是对社会责任感的意识和落实。我们不可能每个人都能成为家喻户晓的企业家，企业家对事业的尊重有他们的方式，就是管理好企业，树立企业良好的形象。

（四）宽容精神

首先是对人才的宽容。企业招人才向来看重学历，但事实上企业选择人才不能只以毕业院校为参考依据，企业更需要考虑到人才综合素质，作出更为合理的决定。其次是对思想的宽容。有一种叫“头脑风暴法”的讨论方法，即由讨论者自由说出解决问题的方案，哪怕是天马行空也可以。像这样开放地讨论会比由一部分人决策更有突破和成功的可能性。最后是对竞争者的宽容。企业垄断是最不成熟的发展策略，没有竞争的压力就会使企业处于安逸状态，短时间虽利于企业发展，但不是长久之计。企业的良性竞争行为更符合产业的利益，此时企业和竞争对手之间是相互依存的关系，但应消除过度竞争，从而获得更广阔的发展空间。

二、新时代企业家精神对大学生的启示

我国如今的企业家精神教育还是处于初级阶段，侧重点是创业知识和技能的传授，还不深入，也未形成主流。因此，我国高校应加紧对学生的企业家精神的培育与实践，适应社会发展。而对于大学生来讲，单说企业家精神貌似很抽象，但其实生活当中处处有它的影子。大学生应该如何逐渐培养企业家精神呢？

（一）创新精神

在一年一度的中国“互联网＋”大学生创新创业大赛中，有很多优秀的作品提交，这也为我们社会发展和进步注入了新鲜血液，大学生应该多参加此类比赛，在实践中提升综合素质。比赛只是一方面，更多的还是生活中的小事，比如自己发明制作一个手工作品、用联想法背单词、换一个角度思考问题等，这些都是创新精神的体现。

（二）冒险精神

创业需要冒险，而真正意义上的冒险在大学时期很少，不过大学生可以将冒险缩小

化,比如进步、尝试、改变等,这些同样也是冒险。如果遇到困难,不怕失败,尝试解决困难就是在冒险,以后如果再有同样的困难,就会更加从容。

(三)敬业精神

对于现在的大学生来说,敬业精神就体现在好好学习上。以前的大学生是“两耳不闻窗外事,一心只读圣贤书”,但现在的大学生除了学好书本上的知识外,更要“接地气”。例如:如何在一个团体里成为一个被尊重、被需要、被喜爱的人;如何做事让自己满意也让别人认可;如何能学到更多技能为以后进入社会铺路等。

(四)宽容精神

宽容其实不应该是到大学才开始聊的话题,而应该在小时候就明白它的重要性。比如,大学生基本上都是寄宿生,来自不同家庭、不同城市、不同省份,生活习惯和个性特点必然不尽相同,这时候就需要相互之间的了解和宽容,包括在平时和别人相处时要胸怀宽广,不应该总是斤斤计较。

当然,企业家精神还有很多方面,不只是上述的四点,但不管是哪种精神,大学生都需要在实践中不断了解和学习。大学生可以向老师学习、向同学学习、向家人学习,甚至可以向学历不如你的人学习。学习本来就没有高低贵贱之分,“能者为师”就是这个道理,这也是企业家精神给予当代大学生的启示。

复习思考题

1. 思考在现在的经济环境下,当代大学生如何培养自身的企业家精神?
2. 政府、高校和市场又应该采取什么样的措施?

第五章

商业伦理与消费者的关系

案例导引

国际消费者权益日及消费者权益的历史由来

1898 年，第一个消费者组织在美国成立。1936 年，该组织建立了全美的消费者联盟。第二次世界大战后，各种反映消费者利益和要求的组织，在一些发达国家相继出现。1960 年，国际消费者联盟组织成立。之后，许多发展中国家也建立了自己的消费者组织，消费者运动成为一种全球性的社会现象。现在，全球已有 90 多个国家共 300 多个消费者组织在开展活动。

1962 年 3 月 15 日，肯尼迪在美国国会发表了有关保护消费者利益的总统特别咨文，首次提出了消费者的 4 项权利，即安全消费的权利、消费时被告知基本事实的权利、选择的权利和呼吁的权利。随着消费者权利保护工作的开展，肯尼迪提出的 4 项权利和国际消费者协会确定的另外 4 项权利，即满足基本需求的权利、公正解决纠纷的权利、掌握消费基本知识的权利和在健康环境中生活工作的权利，一并成为全世界保护消费者权益工作的 8 条准则。

1983 年，国际消费者协会把每年的 3 月 15 日定为国际消费者权益日。此后，每年 3 月 15 日，世界各地的消费者组织都要举行各种活动，推动保护消费者权益运动的进一步发展。

1985 年 4 月 9 日，联合国大会通过了《保护消费者准则》，要求各国采取切实措施，维护消费者的利益。

（资料来源：百度百科，作者整理编写）

思考：为什么美国历任总统都很重视保护消费者权益？1962 年，肯尼迪在美国国会发表的总统特别咨文中指出，“消费者是经济活动中最大的经济群体，影响和受制于几乎所有的公共和私人经济决策，所有经济支出中有三分之二来自消费者”。请结合实际谈谈在商业伦理建设中为什么要处理好企业与消费者之间的关系？

解析：在商业伦理中，企业与消费者之间的伦理关系是最基本的伦理关系。在商业活动中，企业必须知晓消费者的基本权益，明确自己对消费者必须承担的道德责任，积极调节消费者与企业之间的矛盾，最大限度地保障消费者权益，吸引消费者购买自己的产品，使企业有忠诚稳定的消费客户群。只有这样才能让企业在激烈的商业竞争中立于不败之地。另外，随着互联网经济的快速发展和全球经济一体化进程加快，服务营销、网络营销、国际营销等新的商业形态，在这些领域中出现了不少新的伦理问题亟待分析和解决。我们必须用科学的商业营销伦理原则指导商业活动实践，推动企业的经营理念与伦理价值观与时俱进，提高互联网时代企业的“软实力”与“竞争力”，推动商业经济向着和谐安全、合作共享、公平公正方向发展。

第一节 消费者权益保护与企业道德责任

消费者是现代商业经济中最为主要的经济主体。商品只有通过商业交换到了消费者手中，它的商业价值才能得到实现。只有消费者的权益得到有效保护，他们才愿意消费更多的产品与服务，才能带动商业经济的发展，从而实现资本的不断循环和增值。随着现代商业经济的发展，消费者的权益保护与企业道德责任已经成为最基本的商业伦理问题。只有在商业活动中构建和谐、合作的生产者与消费者关系，实现消费者、企业与社会的利益共赢，才能促进商业经济的和谐稳定发展。

一、消费者权益保护的历史发展

消费者权益保护问题是商品经济发展的必然产物。在原始社会，由于生产力发展水平低下，没有形成商品经济，自然就没有消费者权益保护问题。在奴隶社会、封建社会，由于商品经济不发达，生产与消费的对立关系还不明显，这时的消费者权益保护也没有得到应有的重视。不过在奴隶社会与封建社会阶段，已经有了消费者权益保护意识的萌芽。

我国很早就有消费者权益保护的伦理思想的萌芽。孟子认为如果能做到“市贾不贰”，则“国中无伪，虽使五尺之童适市，莫之或欺”。实行“商品质量准入制”是我国古代采取的保护消费者权益的手段之一。先秦时称“伪饰之禁”。《礼记·王制》记载，周王朝规定有十四类货物不准上市交易，其中七类涉及质量问题——日用器具不合规格，军用车不合规格，布帛精粗不合格、幅宽不够，服装器具颜色不对，五谷瓜果不成熟，不在适宜季节采伐的木材，不在当季捕猎的禽兽鱼鳖（“禽兽鱼鳖不中杀”）等，均“不鬻于市”——不得入市买卖。隋唐时期，这种“商品质量准入制”被称之为“行滥之禁”。什么叫“行滥”？“谓器用之物不牢不真”。当时有规定，凡质量不行、尺寸不合格的商品都不可以入市交易。为了落实商品准入制，唐朝还设有“市吏”，对入市货物进行检查，如果有问题商品入市，责任人要受处罚，市吏若知情不查处，与“卖者同罪”。当时的“伪饰之禁”和“行滥之禁”很像是现代的“消费者权益保护法”，它贯穿于我国古代商品交易中。

西方发达国家对消费者权益的保护大概出现在古罗马和西欧封建社会后期。罗马帝国的市政官员按照民商法理论的公平和诚信原则管理市场，对一切参加交易的人（即罗马法中的“万民”)，不分民族、身份一视同仁。古罗马的当政者在法学家的建议下，提出关于公平价格的思想，对有关度量衡以及对面包、啤酒等日常必需品的价格、质量、卫生等进行管理，一定程度上保护了消费者的权益。在欧洲国家的封建社会后期，资本主义生产关系的萌芽产生。早在1260年，法国巴黎就对面包销售商进行检查，如果其生产出售的面包缺斤短两，就要受到没收营业所得或分配给城市贫民新鲜面包的处罚。

无论是我国和西方古罗马时期的商业经济管理，还是欧洲封建社会后期资本主义商品经济萌芽时期对于消费者的保护，都不能称为现代意义上的消费者权益保护。一方面，在封建社会制度下，商品经济尚不发达；另一方面，封建王权的专制和行会的垄断，并没有实现消费者与商人的完全平等地位。封建社会后期商品交易的管理尚未成为一种普遍的制度，没有有效地贯彻执行，这一时期的消费者保护，即为保护消费者权益的萌芽。

19世纪末20世纪初，资本主义商品经济的快速发展，消费者权益保护受到了各国的重视，逐步成为重大的社会问题。1898年，全世界第一个消费者组织在美国成立。在20世纪20至40年代，美国开展了消费者合作运动，成立了第一个联邦消费者机构——食品和药物管理局。之后美国成立了150个地方性消费者协会，在1936年，这些协会联合起来，建立了全美的消费者联盟。20世纪60年代，美国的现代消费者权益保护之父拉尔夫·纳德(Ralph Nader)对消费者权益保护做出了巨大贡献，在纳德的推动下，美国国会1966年9月通过了《国家交通及机动车安全法》，规定汽车制造商有义务公开发表汽车召回的信息，进行免费修理。这就是被世人所关注的汽车召回制度。拉尔夫·纳德也被认为是汽车召回制度的创始人。

20世纪60年代，消费者权益保护受到了美国政府的重视。1962年，美国第三十五任总统约翰·肯尼迪总统向美国国会发表演讲，他在演讲中颂扬了四项基本消费者权利，即：安全权、知情权、选择权和发表意见的权利。1985年，联合国在此基础上又增加了四项保护消费者的权利：满足基本需求的权利、获得补救的权利、获得消费者教育的权利以及健康环境的权利。

1960年，由美国、英国、澳大利亚、比利时和荷兰五个国家的消费者组织发起成立了国际消费者联盟组织(International Organization of Consumers Unions，IOCU，简称Consumers International，CI)。1983年，国际消费者协会把每年的3月15日定为国际消费者权益日。我国于1987年加入国际消费者联盟组织，目前该组织包括60多个国家和地区的172个消费者组织。

二、消费者权益保护的经济动因

在市场经济条件下，为什么要保护消费者的权益？保护消费者权益与企业的发展之间是否有冲突？在不少人看来，企业没有必要去保护消费者的权益，保护消费者利益与企业的经营发展是有冲突的，如果企业一味地去迎合消费者，会增加企业的责任与负担，牵扯企业发展的精力，不利于企业的长远发展。然而这种观点是错误的，在市场经济条件下，弘扬营销伦理，保护消费者的权益，无论是对国家、社会的发展，还是对于企业进步都是有利的。企业是否能够占领市场、取得持久的盈利，关键在于其是否坚持"以消费者为中心""顾客至上"的商业伦理原则。如果国家的大部分企业都把消费者放在心上，那么该国的企业在国际市场上就会具有很强的竞争力，能够在国际贸易竞争中立于不败之地。总之加强消费者权益保护是有深刻的经济动因的，是发展市场经济的必然要求，也是促进一国经济持续健康发展的根本需要。

(一)保护消费者权益是以消费带动生产，促进社会经济不断增长的需要

坚持保护消费者权益的商业伦理观念是社会经济发展的必然要求。在商品经济条件下，生产者是为了他人消费而生产，并通过交换实现生产到消费的过渡。正如马克思所说:"消费不仅是使产品成为产品的最后行为，还是使生产者成为生产者的最后行为。"

马克思还指出:"消费创造出新的生产的需要。"这种生产需要的是生产发展，包括量的增加和质的飞跃的推动力，消费需要成为"生产的前提"。例如，交通运输消费创造出新的需要，就出现了独轮车、马拉车、自行车、汽车、火车、独木舟、帆船、轮船、飞机等等交通运输工具。保护消费者权益，就是让企业坚持以消费者为中心的观念，生产出与消费者需求相适应的产品和服务。这样不仅会使消费者的效用得到最大满足，还会刺激新的消费需求，增强消费者的消费信心，从而不断拉动经济增长。

(二)保护消费者权益是改变消费者的"弱势"地位，维护商品经济秩序的需要

所谓商品经济秩序，实质上就是按照市场规则进行有序交易的一种和谐稳定的状态。这种状态具体表现为买卖双方:合法经营、照章纳税;买卖自由、公平竞争;货真价实，诚信无欺，市场活动能够按等价交换的原则正常进行。商品经济的有序运行是建立在各经济主体公平竞争、买卖自由的基础上的，需要生产经营者与消费者之间地位平等。

但是，在市场经济条件下，生产经营者和消费者的经济地位是不均等的，如果不及时校正，就会使市场交易行为无法正常进行，甚至会导致国家经济瘫痪、停滞不前。在市场经济条件下，生产经营者实力雄厚、力量集中，甚至垄断市场，是强者;消费者常为个体，力量单薄，是弱者。生产经营者通晓商品的技术性、了解市场行情、掌握顾客心理、具有一定的销售技巧，可以说知己知彼;而消费者往往缺乏购买商品或接受服务的相关知识，很容易被生产经营者所操纵，其合法权益被侵害。另外，现代经济条件下商品技术含量不断提高，这将会进一步突出生产经营者的强势地位，消费者的权益更容易被非法生

产经营者所侵害,消费者的消费热情与消费信心会受到挫败,这势必会扰乱商品经济的运行秩序。保护消费者权益是改变消费者在商品经济中“弱势地位”的根本举措,是构建平等市场主体、规范市场秩序的主要抓手。当今世界大多数国家已经认识到保护消费者权益是维护商品经济秩序的根本手段,许多国家从法律等方面着手,大力加强对消费者权益的保护力度,努力营造和谐的市场经济环境。

(三)保护消费者权益是企业取得竞争优势,获得利润和持续发展的需要

对于企业来说,维护消费者权益,确保消费者利益不受侵害是企业盈利和持续发展的根本途径。

保护消费者权益能够塑造企业品牌竞争力,从而为企业带来不断增长的利润。如果一个企业能够不断根据消费者的需求生产物美价廉、有合适销路的产品,就会使消费者产生习惯性甚至依赖性的购买行为。成功的企业往往能够以消费者为中心进行产品开发和销售,与消费群体建立稳固的消费关系,从而塑造企业自身的品牌竞争力。

保护消费者权益能够树立企业信誉,增加企业无形的竞争力。企业信誉是一种无形资产,它是企业在长期的信用关系中不断累积起来的市场信任度。一个以消费者为中心、时时处处为消费者着想的企业能够与消费者之间建立信任关系,不断提高消费者对产品功能、质量和销售服务的满意度,树立企业诚实守信的社会形象,通过提高美誉度来开发潜在的消费需求。这就形成了一个企业的无形的竞争优势,从而使企业在激烈的商业竞争中保持消费市场的稳定,不断提升供给能力。

(四)保护消费者权益是企业走出国门,参与国际市场竞争的有力推手

当今世界,经济全球化趋势不断发展,各大跨国公司都在世界范围内开辟自己的产品市场。在世界各国包括广大发展中国家在内的对消费者权益保护的重视的背景下,一个企业能否开辟国际市场,拥有忠实的消费者群体,关键是要看这个企业能不能以消费者为中心进行营销活动。在日益激烈的国际竞争中,企业的商业伦理已经成为企业走出国门、进行竞争的有力手段。具有商业伦理是企业国际竞争力强的表现,是企业赢得客户、获得持续赢利的支撑。在保护消费者权益、建立良好的客户关系方面,IBM等跨国公司做得很好,它们以良好的企业信誉赢得了世界市场。IBM是一家为计算机制造硬件和软件的技术公司,它成立于1911年,至今已经有一百多年的历史,是世界上最大的IT技术公司之一。2009年,IBM推出“智慧地球”及“智慧城市”服务,目前在世界服务器、云计算等领域占有相当大的份额。

IBM公司之所以能取得当今的成功,是因为它能够不断推进科技创新,还能够奉行消费者至上的原则,保护消费者权益,建立良好的客户关系。长期以来,IBM公司对于

商业活动有严格的"企业伦理基准",也称为"IBM宪法"。它要求职工在与客户或公司外其他组织交往时,必须遵守以下准则:第一,无论对谁,不可作出有悖于事实的表达;第二,不得向其他公司或公众表示IBM的庞大;第三,商业活动中公平且公正地对待所有的人;第四,不得以领取回扣(钱、物、服务)等方式招揽顾客。尊重顾客选择的意愿,不可以任何方式强求对方使用、购买IBM产品。正是IBM公司在经济活动中践行了保护消费者权益的营销准则,使得它在世界各国都赢得了人们的信任,也让IBM的事业在世界各地快速发展。

在现实实践中,IBM公司一直尊重消费者、主动地去了解消费者需求,努力与消费者"交心",在产品与服务上与消费者"贴心"。IBM建立起一个AI驱动的智能化营销互动平台,这个智能化的平台可以帮助公司的营销人员记录消费者的兴趣与爱好,营销人员就可以投其所好,主动与客户交流互动。IBM建立了一整套以消费者为中心的营销管理流程,从营销计划(Plan)、客户互动(Engage)到营销优化(Optimize)都能无缝衔接。正是IBM能够始终以客户为中心的商业伦理来指导自己的营销实践,做到直达人心、捕获人心、留住人心,才能够使该企业在国际竞争中取得可喜的佳绩。

三、消费者权益保护的主要内容

所谓消费者权益保护,就是要求国家、政府和企业保护消费者免受不公平的行为,使消费者的权益得到法律的有效保护。消费者权益保护在社会经济活动中的地位作用越来越重要,它不仅是社会经济和谐发展和持续增长的必然要求,也是一个企业在市场竞争中立足,取得竞争优势的关键。要做好消费者权益的保护工作,必须弄清消费者有哪些权益,只有这样才能更好地保护消费者的权益。

消费者的权益保护起自20世纪50年代。目前,国际社会成立了消费者权益保护组织,设立了"国际消费者权益日"。在消费者权益保护内容的发展,大致经历了以下几个阶段。

第一阶段:1962年,美国总统肯尼迪提出"消费者权利法案",明确消费者四项基本权利。

第二阶段:1969年,美国总统尼克松增加了消费者在其财产或人身遭受损害时的索赔权。

第三阶段:1985年,联合国通过了《保护消费者准则》,在肯尼迪提出的四项基本权利的基础上又增加了四项消费者权利,即满足基本需求的权利、补救权、消费者受教育权、健康环境的权利。

确定消费者的八项基本权利后,现代消费者权益保护的内容基本完善。随着社会经济的快速发展,新的消费者权益也逐渐显现出来。比如,在互联网时代消费者的隐私权、网络支付中的安全权、消费者对转基因技术的知情权与选择权，等等。总而言之，消费者权益保护的内容应随着时代的发展而不断发展。

四、企业对消费者权益保护的道德责任

在消费者权益保护的过程中，企业承担着不可推卸的道德责任。企业切实履行对消费者权益保护的道德责任，是保持社会经济秩序、促进经济正常发展的必然要求。企业履行对消费者的道德责任会给企业带来良好的社会形象和声誉，吸引忠实的消费者群体，不断提升企业的市场竞争力，为企业带来长久的利润。

在互联网经济和经济全球化背景下，企业对消费者的责任更加宽泛，并且不断拓展。概括来说，目前企业对消费者的责任主要体现在以下几个方面。

（一）为消费者提供安全的产品

为消费者提供安全的产品是企业最基本的道德责任，也是企业安身立命的根基。在商品经济条下件，价值规律和市场规则要求企业必须诚实守信，保证产品质量合格，可靠安全，不会对消费者造成人身或财产的伤害。

（二）为消费者提供正确的产品信息

企业不仅要为消费者提供合格的产品，还要提供正确的产品信息，包括产品的性能、产品的构成和使用说明，等等。对于食品、药品类产品，要标注产品的化学成分，使用禁忌与使用方法，不得在产品中添加非法物质，对于含有转基因成分的食品，要有明确标注。对于生活类产品，要标注产品的性能、使用方法、注意事项等。对于生产资料与机器设备类产品，要附有产品使用说明，必要时还应有专业技术人员现场指导。在产品销售的过程中，不可用夸大的广告误导、欺骗消费者，不得夸大产品的使用效果，引诱消费者消费。

（三）为消费者提供便捷的售后服务

企业销售产品后，还应该为消费者提供方便、快捷的售后服务。在规定的期限内，为消费者提供产品的耗材更换、维修、保养、退换货等服务。及时解答消费者在产品使用中出现的一些技术问题，对于产品质量的投诉能够及时地处理与赔偿。

（四）尊重消费者人格尊严和民族风俗习惯

企业在为消费者提供产品服务的时候，要尊重消费者的民族信仰、文化、风俗习惯等。对于残障人士、老年人等弱势群体不能嘲笑讽刺。对于不同民族的风俗习惯，不能

做有辱消费者信仰与民族习俗的事情。在产品的设计与开发上,要充分考虑各民族的特点,开发符合民族文化需求的产品。

(五)尊重消费者的选择权

自主选择权是指消费者可以根据自己的消费需求,自主选择自己满意的产品或服务,决定是否购买或接受的权利。自主选择权包括:自主选择提供产品和服务的经营者;自主选择产品品种和服务方式;自主决定购买或者不购买任何一种产品,接受或者不接受任何一项服务;在自主选择产品或服务时,有权进行比较、鉴别和挑选。企业在为消费者提供产品或服务时,必须尊重消费者的选择权,不能强买强卖,尊重消费者有"货比三家"的权利。不能在产品销售的过程中制定霸王条款,不能捆绑销售。

(六)开展消费者教育,倡导理性科学消费

消费者教育是企业的一项基本义务。在科学技术日益发展的今天,新产品、新设备层出不穷,企业必须对消费者进行消费知识和技能的教育。另外,随着环境问题日益严峻,企业还要对消费者进行绿色消费观念的教育,促进消费的可持续发展。

消费者教育是企业了解消费者,影响消费者的一项工具手段。企业通过教育可以让消费者了解、选择他们想要购买的产品或服务,可以提高消费者的消费选择能力,甚至改变消费者的行为,为企业培养一批忠实的客户群体。

(七)企业对消费者的生态环境与社会公益慈善责任

在社会生态环境压力日益严峻的情况下,一个负责任的企业必须肩负起保护环境的社会责任。企业要尽量减少原材料和能源的消耗,减少危险废物的生产和污染,以实际行动去保护生态系统,要能够识别企业在经营过程中可能带来的负面环境影响,在产品设计阶段就要考虑环境目标,从根本上减少生产过程对环境造成危害。

当今一些世界知名企业,在做好经营活动的同时还会大力开展公益慈善活动。例如,美国埃克森美孚公司的基金为终止疟疾死亡和培训发展中国家妇女贡献了数百万美元的捐款。企业在履行社会慈善责任的同时给其自身也带来了商誉回报,为企业的可持续发展与建立稳定的客户关系作出了有力的贡献。

五、企业对产品安全的责任

商业活动的核心内容是生产者向消费者进行产品营销,在这种商业营销活动中,相关的商业伦理问题必须得到重视,其中,商业营销中最为重要的伦理问题就是产品质量安全问题。为此,我们通过对现实案例的剖析,全面把握商业营销中的产品安全,以加强

商业营销管理，促进商业经济健康发展。

所谓的产品安全，就是指消费者在消费产品服务的过程中，不受产品的质量、包装、配件和附属设施等危害安全的状态。产品安全不仅是消费者安全消费的基础，还是保障社会安全稳定的前提和基础。一个企业如果想要不断发展壮大，就必须把确保产品安全作为必备的道德责任，实现从产品的设计、生产、销售到使用的全过程的安全。产品质量安全问题是商业营销活动中最为主要的伦理问题。

随着经济的发展，社会产品服务的日益多样化，产品质量安全问题也层出不穷。从当今经济的现状看，从服装、食品到家装建材，从汽车消费到文化旅游，手机信息产品、儿童玩具、药品化妆品等领域都存在着产品安全问题。例如：2017 年 8 月，美国强生被判向一位使用了强生婴儿爽身粉而罹患卵巢癌的妇女赔款 4.17 亿美元（约合人民币 27.8 亿元），其中包括 7000 万美元的赔偿金和 3.47 亿美元的惩罚性赔偿金。短短两年内，强生爽身粉五次被起诉致癌，涉及赔偿金额高达 7.24 亿美元。继三菱汽车被曝篡改燃效数据、高田汽车被曝篡改安全气囊测试数据后，2017 年 10 月，日本神户制钢也被曝出篡改数据的丑闻。神户制钢承认，其曾篡改部分铝制品的强度等性能数据并进行了供货，部分违规行为从 10 年前就已开始。此番造假事件使得包括丰田、马自达、斯巴鲁在内的多家车企受牵连。日本经济产业省在记者会上证实神户制钢的问题产品在飞机、导弹、装甲车辆中都有应用。神户制钢的造假行为，对汽车、航空制造等诸多领域造成了威胁，对于消费者汽车消费、航空运输消费的安全造成了极大威胁。

而对日益增多的产品安全问题，仅仅靠法律调节是不能彻底解决的，这要求我们必须加强产品安全的伦理建设，通过道德和信誉的调节，促进企业和全社会一起共同解决产品安全问题。从目前来看，不少国家和地区都高度重视产品安全工作，不仅颁布具有强制力的“产品安全”法律法规来惩治侵害消费者安全的不法行为，还成立了相应的组织来管理调节食品安全问题，用伦理道德的力量来促进企业保障产品的安全。美国于 1972 年成立了消费品安全委员会（Consumer Product，它是美国联邦政府机构，主要职责是对消费产品使用的安全性制定标准和法规并监督执行）。消费品安全委员会管理的产品涉及 1500 种以上，主要是家用电器、儿童玩具、烟花爆竹及其他用于家庭、体育、娱乐及学校的消费品。但车辆、轮胎、轮船、武器、酒精、烟草、食品、药品、化妆品、杀虫剂及医疗器械等产品不属于其管辖范围，而这些产品的安全管理也有相应的政府部门来执行，管理职能分别在美国食品和药物管理局、美国农业部、美国运输部、美国环境保护局和美国联邦航空管理局等部门。

除了主权国家建立了产品安全管理机构外，一些区域性组织和国际组织也建立了产品安全管理与协调机构。例如，美洲国家组织于 2014 年推出了美洲间消费品安全快速警报系统（SIAR），使美洲和加勒比地区超过 9.8 亿消费者受益。在亚太经济合作组织，建立了产品安全事故信息共享系统(PSIIS)信息共享门户网站，促进亚太经合组织成员国的产品召回和产品安全标准的统一。欧盟也有自己的消费品安全快速预警系统——RAPEX系统，该系统在31个欧洲国家之间每天交换有关消费品的信息。世界经合组织建立了全球性的GlobalRecalls门户网站(网址：https://globalrecalls.oecd.org/front/index.html#/recalls)，该网站自2012年开始运营，整理了来自世界各地的产品召回信息，为全世界的消费者提供查询与安全警报服务，帮助企业和政府应对全球市场的困境，并保护消费者。

实践产品安全伦理，不仅仅是企业自己的事情，还需要企业、政府、社会甚至是国际组织的共同支持。概括来说，实践产品安全伦理主要是要做到以下几点。

(一)把生产企业作为产品安全根本责任主体

企业是产品的生产者，在保障产品的安全方面责无旁贷。这是企业最基本的商业伦理责任。在商品经济条件下，企业应具备的最基本的价值理念就是要向消费者提供安全、舒适、满意的产品与服务。消费者既然向生产者支付了费用，企业就应该按照商品经济的诚实信用原则，把合格的产品送到消费者手中。企业要始终坚持消费者至上的价值理念，在产品设计的时候，就要考虑到产品的安全性，不设计不安全的产品，不能把不合格的产品投入市场销售，并且有告知消费者其供应的产品的各种风险的义务，对于已经投放市场的具有质量缺陷和安全隐患的产品，企业必须对其进行召回，避免对消费者造成危害。

(二)制定产品安全标准，加强产品安全监督

在这方面，美国的经验值得我们学习。美国法律授予了美国消费品安全委员会制定在其管辖下产品安全标准的权力，该委员会有权对企业的产品进行安全检测。以儿童玩具为例，其检查项目包括：阻燃性、拆开性、现有的或潜在的危险性和危害性，以防儿童受到损伤。这种检查不是为了难为企业，而是为了对消费者负责。美国消费品安全委员制定的安全标准很细致。如电冰箱的安全使用问题都考虑到了小孩子如果爬进去了，小孩能否安全地出来；打火机的安全使用问题考虑到5岁以下儿童能否打着，是否会烧伤儿童等。除美国之外，包括我国在内的世界许多国家都建立了产品安全监督机构，这些机构主要负责检查市场上的产品是否安全，对于违反产品安全责任的企业进行处罚。

(三)在全社会形成保障产品安全的道德观念，把产品责任纳入企业信用体系

产品安全问题关乎消费者的切身利益，但是在现实中，不少消费者在购买到有安全

隐患的产品时，缺乏安全防范意识，为此，我们必须加强产品安全意识教育，让消费者认识到产品安全的重要性，让他们学会运用道德和法律的武器去维护自己的产品安全利益。另外，在市场经济条件下，不少企业没有看到保障产品安全的重要性，往往为了短期的经济利益，不顾消费者的安全。国家和政府必须加强企业的社会责任教育，让企业产品安全观念的弦绷得紧紧的，无论是产品的设计制造，还是产品的包装、运输与销售，都要时时刻刻保证安全。另外，要把产品安全事故纳入企业的社会信用评价中，让那些不顾消费者安全而销售假冒伪劣产品及不安全产品的企业永远不能再从事商品经营活动。

第二节　营销的伦理准则

商业活动最核心的内容就是营销活动，而营销活动的主体是经营者与消费者。研究商业伦理和商业道德，最为主要的是要研究商业营销的伦理准则。我们不仅要了解商业营销活动的一般准则，还要考察现代经济条件下营销伦理的新变化，要找到营销活动中出现的一些新情况、新问题，努力掌握互联网时代和经济化条件下的商业营销之道，用商业伦理思想武装头脑，实行伦理与价值观治理，不断提升现代营销管理能力。在现代经济条件下，服务营销伦理、网络营销伦理和国际营销伦理已经成为商业营销必须研究的新领域，必须把握商业营销在这些领域的新变化，认真研究出现的新的商业伦理问题。

一、营销伦理的一般准则

社会经济发展到今天，虽然商业营销发生了很多新的变化，但营销的基本伦理准则是不变的。商业经济发展了几千年，在历史的长河中，商业从无到有，不断发展，其中有不少经验可供吸收和借鉴。前人总结的科学的商业营销理念，至今仍然是指导我们进行商业营销实践的法宝。而近代以来欧美国家的商业伦理的实践，又为我们提供了从产品设计到市场推广、商业营销全过程提供了有益的指导。我们必须在总结前人经验的基础上，与当代商业营销实践相结合，提炼出一套适合当代社会的营销准则，指导我们实际的商业营销活动。

（一）商业营销必须坚持的基本伦理价值观念

自从商品经济产生以来，经过长期的发展，已经形成了较为系统的商品销售基本价值理念。在现代商品经济条件下，进行商业营销，必须义利统一，竞争与合作统一，企业盈利与社会责任统一，效率与公平的统一，要讲信用，注重环保，进行绿色营销。

1.坚持"义利统一"的价值理念

早在春秋战国时期,便有了义利之说。"君子爱财,取之有道",倡导"诚信为本"。据史书记载,孔子在鲁国时,就很注意整顿各种欺诈行为,要求卖羊的人在卖羊前不要给羊洒水增加重量,卖牛马的不能漫天要价。历史上,有不少在买卖活动中建立的伦理观点。比如,买卖不成仁义在,童叟无欺,和气生财,"诚信赚得字号久,谦和赢得顾客长"等。其实,在营销活动中,"义"就是公平与正义,要求公平交易,要求企业讲求诚信。"利"就是现在我们说的企业利润。追求利润最大化是每个企业为之奋斗的目标,但现实的经济秩序和利益关系要求企业必须协调好自身盈利与实现社会公平正义的关系。在坚持诚信经营的基础上,做到企业利益、消费者利益、社会利益的统筹兼顾,在经营活动中坚持"利己"与"利他"的统一,实现"义"和"利"的统一。

2.坚持"竞争与合作的统一"的价值理念

市场经济不仅是竞争经济,其实还是合作经济。企业与企业之间不只是商场上的"竞争",企业之间和利益关系也不只是"零和博弈"。企业在商业营销活动中不能只抱着老旧的斗争思想,与别的企业进行殊死竞争。那种传统的"以邻为壑"的商业竞争伦理思想已经不能满足现实的要求。在现代市场经济条件下,企业在营销活动中必须加强合作,通过互利互惠合作,促进商业经济的和谐发展,促进人类经济社会的不断进步。

3.坚持"企业盈利与社会责任统一"的价值理念

企业经营的根本目的就是要盈利,除了盈利之外,企业还有重要的社会责任。企业在营销活动中必须正确处理获取利润与为服务社会的关系,树立"企业盈利与社会责任统一"的价值理念。正确处理企业与社会的关系,真正做到切实履行企业服务社会的责任。有些企业认为,履行社会责任会分散企业的主业,影响企业盈利。但许多优秀的企业已经证明,履行道德责任与获取经济利润是完全可以兼得的。我们必须在经营活动中把企业营利与履行社会责任统一起来,只有这样,企业才能在激烈的市场竞争中保持旺盛生命力和持久的竞争力,才能够不断发展壮大。

4.要坚持"效率与公平统一"的价值理念

在商业经营活动中,效率与公平统一的。所谓的效率,是指以最小的经济投入产生最大的经济收益,效率包括生产效率、技术效率和制度效率。公平既是对社会资源分配状况所做的道德评价,也是调节人们之间的社会关系,包括财富分配关系的社会伦理准则。效率讲究投入产出比,而公平则要求机会均等。企业在商业经营活动中必须坚持效率与公平的统一。一方面我们要不断提高商业活动的效率,不断提升商业活动的产值;另一方面我们又要坚持公平原则,让每个消费者都享有均等获得产品和服务的机会,每个供应商都享有均等提供货源的机会。在与同行竞争的过程中,企业应避免采取违反商业营销伦理的事情,不能恶意中伤竞争者及其产品,不能窃取竞争者的商业秘密或与竞争厂商串通操纵市场。

5.要坚持“诚实守信”的价值理念

诚实守信是商业营销中最根本的价值理念。在企业市场营销活动中，诚实守信是每个市场营销人员必须具备的基本道德规范。诚是真实，对人对己都不掩盖事实的真相，信的本意是诚实不欺、恪守信用。市场经济是契约经济、信誉经济，因此，现代企业离不开诚实守信的伦理原则。“民无信不立，企业无信不昌”“诚招天下客，誉从信中来”。企业的经营者坚持诚信的原则，有利于建立良好的市场经济秩序。诚信原则是企业营销伦理的重要组成部分，在市场营销过程中，诚信的原则要求讲真话，不欺诈、不蒙骗消费者，为顾客提供的产品质量和服务质量应与许诺的一致。

6.要坚持“注重环保，绿色营销”的价值理念

商业营销活动也必须坚持“注重环保，绿色营销”的价值理念。当前，越来越多的人开始崇尚自然、健康和环保的消费理念。在这样一种趋势下，企业要将环保观念纳入自己的经营理念之中，实行企业的绿色营销。企业开展绿色营销，不仅要求企业对人、财、物、信息、形象等资源的优化配置，产生经济效益，还要将生态效益和社会效益放到重要位置，使二者有效结合，产生绿色效益。企业要开发绿色产品，建立绿色营销渠道，开展绿色促销。企业必须在追求经济效益的同时兼顾环境效益，使二者在和谐中达到最优化。

(二)商业营销各个阶段的伦理准则

商业营销的过程包括市场调查、产品设计生产、产品定价、广告与分销等各个阶段，每个阶段由于工作内容的不同，会有不同的具体伦理准则。考察商业营销各个阶段的伦理准则，对实际的商业营销活动有着较强的指导意义。

1.市场调研中的伦理准则

市场调研是运用科学的方法系统地、客观地辨别、收集、分析和传递有关市场营销活动的各方面的信息，为企业营销管理者制定有效的市场营销决策提供重要的依据。在市场调研过程中主要涉及企业市场调研人员与消费者之间，企业市场调研人员与企业营销管理者之间的伦理关系。在市场调研中，调研人员有以下伦理责任：

(1)他们必须对受访者信息进行保密；

(2)调研人员还必须尊重受访者的隐私，如果被访者要求不再联系，研究人员必须尊重受访者的意愿，不再与他们联系；

(3)调研人员必须避免骚扰受访者，要设置最大尝试次数(通话次数)或提醒次数(电子邮件)，在保证受访者不感到被打扰的前提下进行调研；

(4)调研人员要控制好调研时间，调研时间不宜过长；

(5)调研人员在向企业管理者提供调研报告时要格式完整，内容翔实，不得数据造假，提出科学合理的建议。

2.产品设计、生产、包装过程中的伦理准则

(1)设计阶段：

不设计有质量安全隐患的产品；

不设计违反法律规定，有违公序良俗的产品；

不设计污染环境、危害人类安全的产品。

(2)生产阶段：

不偷工减料，要保证数量充足；

在原材料选择上要安全环保，不以次充好；

生产过程要坚持产品质量安全标准，确保产品质量安全。

(3)包装阶段：

产品包括不应危害消费者的人身安全；

不过度包装和欺骗性包装；

产品包装不应污染环境，应该可降解，可重复利用；

产品包装标识清晰、准确、易读。

3.产品定价中的伦理原则

(1)不歧视性定价违背社会公平；

(2)不串谋定价引发不正当竞争；

(3)不掠夺性定价进行价格战；

(4)不价格欺诈误导迷惑消费者；

(5)不暴利定价侵蚀消费者利益。

4.分销渠道建设中的伦理原则

(1)要控制分销渠道成本，降低分销渠道费用；

(2)要加强渠道管理，防止经销商、零售商串货、销售假货；

(3)要灵活选择直销或批发或零售的销售方式，避免传销害人；

(4)加强零售商管理，不使零售商哄抬物价，侵犯消费者利益；

(5)不建走私、灰色市场等非法的分销渠道。

5.产品广告中的伦理原则

(1)不做虚假欺骗广告；

(2)不做情色、暴力广告；

(3)不做传播陈腐观念的广告，不做恶俗的广告；

(4)不做伦理缺失的儿童广告；

(5)不做伤害消费者民族感情的广告,不做歧视性别的广告。

6.产品营销公关中的伦理准则

(1)产品营销公关要坚持真实客观的原则;

(2)产品营销公关中要禁止商业贿赂;

(3)产品营销公关要遵纪守法、注重公关礼仪。

二、服务业营销的伦理准则

随着现代经济的快速发展,商业经营的范围不仅包括有形的商品,还有无形商品,即服务。服务业的营销已经成为商业营销的重要内容。20世纪以来,服务业在世界各国经济中所占的比重不断增长,例如,美国早在1929年服务业占国内生产总值(GDP)的比重就超过一半,1978年上升到占国内生产总值(GDP)的三分之二,1993年占国内生产总值(GDP)超过的四分之三。而在21世纪初,服务业占了占全球GDP的五分之三以上,占全球劳动力的三分之一以上。进入21世纪后,服务变得越来越重要,服务业创造的产值在一国的GDP中所占的比例不断提高,服务业就业人数也在不断增加。它已成为推动发达国家经济发展的主要力量。我们必须认真研究服务业营销伦理的特点,深刻把握服务业营销伦理的内涵,从而促进服务业又好又快地发展。

(一)服务业营销伦理准则概述

关于服务业的内涵,至今仍没有一个统一的说法,但从国际范围来看,一般是将服务业看作第三产业。从服务业的分类来看,内容多样,领域复杂。按地位作用分,可以分为生产性服务业、生活性服务业和公共服务业。在我国又把服务业分为传统服务业和现代服务业。虽然说服务业内容多样,但是服务营销也有共同特征和共同的伦理准则。

1.服务营销的概念及特点

服务营销就是指服务业的营销。按照对于服务业的定义,服务营销就是指生产无形服务产品的行业的营销活动。服务营销具有以下特点:一是产品的无形性;二是生产过程与消费过程的不可分离性;三是服务的不可存储性;四是服务效果因人而异,具有不确定性。服务营销与一般有形商品的营销具有很大的不同,其伦理问题也有不同的表现形式。服务营销的质量难以准确评价与判断,服务价格制定标准不容易统一,服务营销产生的安全责任难以认定。

2.服务营销伦理的内涵

所谓的服务营销伦理就是指导企业进行服务营销的道德准则和标准。服务营销伦理旨在正确地指导服务人员向顾客提供服务,使服务营销符合伦理规范,也使顾客能够更放心地接受服务。

服务业产品特点决定了服务营销伦理问题也相当复杂。主要表现为由于服务质量不容易确定而导致的产品质量纠纷,一些新技术服务对于消费者的欺骗等而产生的伦理问题。

为此,服务营销必须坚持诚信原则,服务过程不能偷工减料,不暗自增加服务项目;在服务营销的过程中也必须坚持公平公正的原则,要对消费者一视同仁,提供标准化的服务;另外,在服务营销过程中,必须坚持与消费者有效沟通,要以消费者满意度作为评价服务营销的伦理标准。

3.服务营销的主要伦理问题

(1)服务营销的质量问题。

关于服务质量,因服务行业领域的不同而不同。比如,在餐饮服务业,服务质量主要表现为要为消费者提供安全的饮食,在食材的选用上遵守基本伦理道德规范,不使用"地沟油",不使用病死的家禽、家畜的肉类等等。在金融理财等服务上,表现为要讲求信用,为客户的资金增值服务,不能利用客户的资金为自己谋利。在医疗卫生服务上,对消费者要注意用药安全,避免医疗事故。

(2)服务营销的价格问题。

由于服务的质量不容易确定,它的价格制定标准也就不统一。在餐饮服务中,餐费价格往往会随着季节、时间、地点的不同而不同。在我国近年来节假日餐饮消费的"天价虾""天价鱼"事件中,可以看出,服务的定价也存在着不少伦理问题。另外,近年来,在国内美容、健身等领域,这些服务的定价纠纷和价格欺诈问题也层出不穷,这也必须通过道德伦理来约束。

(3)服务的虚假宣传和虚假功能问题。

因为服务效果的不确定性,所以在服务营销过程中,比较突出的伦理问题就是虚假宣传问题。例如,近年来一些美容整形机构与民营医疗机构在减肥、美容产品,治疗肝病、牛皮癣、白癜风等疾病时就涉及虚假宣传问题。另外,一些金融服务公司在P2P融资过程中也有虚假宣传盈利能力水平,允诺高额的融资回报率等。从总体上来看,在服务营销中出现的虚假宣传的问题比在一般商品中出现的要多,这与服务营销本身的特点也是分不开的。

(二)住宿餐饮、运输仓储、家政生活等传统服务业营销伦理准则

传统服务业具体包括哪些领域并没有一个统一的说法。但是从其特点来看,传统服务业是劳动密集型的,就业者不需要很高的技术,它所提供的服务主要满足消费者的基本需求。一般来说,传统服务业包括住宿餐饮、运输仓储、家政生活服务等领域。这些领域是广大群众生产生活所必需的领域,必须坚持规范的伦理准则,只有这样才能使传

统服务业得到持续健康的发展。

1.住宿与餐饮服务业营销的伦理准则

住宿与餐饮服务业是传统的服务业。这些行业中的企业的不道德行为会对消费者的生命财产安全造成巨大的危害。住宿与餐饮服务业营销应该遵守以下伦理准则。

(1)保障消费者的人身和饮食安全。

住宿与餐饮业服务是消费者日常消费场所,该行业必须坚持将食品安全作为最根本的经营理念。在住宿业,一定要把消费者的人身安全放在首位,落实好消防、防盗等安全措施,保障消费者的人身安全不受侵害。

(2)给消费者以安全舒适的消费环境。

住宿与餐饮服务业是老百姓旅行、日常饮食所必须依靠的行业,这些行业必须给消费者以安全的消费环境。例如,宾馆、酒店的负责人必须在住宿安全上尽到必要的道德责任,避免酒店的设施会对消费者的安全造成伤害、完善酒店的消防措施;酒店在地震等自然灾害发生时能为消费者提供安全逃生措施。

(3)承担住宿餐饮服务企业要承担环保的社会责任。

除了要对消费者承担责任外,住宿餐饮服务企业必须承担起保护环境的道德责任。依据《中华人民共和国大气污染防治法》,餐饮服务业必须安装油烟净化装置,其污染物排放应符合《饮食业油烟排放标准》。

2.交通运输与仓储服务业营销的伦理准则

交通运输企业在经营发展中必须坚持良好的道德观念,与消费者建立良好关系,促进社会经济的和谐发展。概括来说,交通运输与仓储服务业营销的伦理准则主要有以下几个方面。

(1)交通运输与仓储企业要努力提高服务水平。

交通运输水平是衡量国民经济发展程度的客观标尺。一部现代世界经济发展史,首先是一部交通运输发展史。没有铁路和航海,就没有近代工业革命和欧洲的崛起。没有陆海空一体化的现代综合交通运输体系,就没有欧美发达国家的现代经济体系。交通运输与仓储企业必须认识到自身的历史使命,不断革新技术,提高交通运输与仓储业的效率,促进交通运输业有快速的发展,从而更好地造福人民、服务社会。

(2)交通运输与仓储企业要把安全问题放在首位,确保客运、货运安全。

在交通运输方面,必须把安全放在经营工作的首位,不断提升客运、货运安全能力。在仓储业方面,仓储企业也必须严格仓库管理,把安全放在第一位。在经济社会发展对运输、仓储业需求不断增多的情况下,运输仓储企业必须切实履行安全生产的道德责任,尽量避免生命与财产安全的损失,这是交通运输与仓储企业可持续发展的必然要求。

(3)交通运输与仓储企业必须履行环境保护的责任。

交通运输业对能源需求量大，如果交通运输业能够采用新能源运输工具，在经营过程中切实履行节能减排的责任，将会对环境保护起到很大的作用。仓储企业要在经营活动中注意仓储废物的排放，危险化学品仓储企业必须加强安全管理，按照国家的仓储安全标准来进行日常管理。

3. 家政生活服务业营销的伦理准则

近年来，随着社会经济的发展，居民对家政生活服务，如保姆、月嫂、水电维修、搬家拉货等需求不断增加。这些既为家政生活服务企业的发展提供了很好的机遇，又要求家政生活服务企业必须履行道德责任，坚持市场经济条件下家政生活服务营销的伦理准则，推动家政生活服务产业的健康有序发展。概括起来，家政生活服务企业的营销要坚持以下伦理准则。

(1)要诚信守法，大力弘扬家政生活服务业职业道德。

家政生活服务企业要遵纪守法、遵守社会公德。家政生活服务人员要自尊、自爱、自立、自强，要努力学习不断提升自己的专业能力。家政企业的员工要讲文明、讲礼貌、尊重雇主，在进入服务的家庭之后，对家庭中成员要热情友好，对自己的服务工作应尽心尽力，忠诚本分。在完成雇主交给的任务时，要守时守信。家政服务人员要注意保护雇主家庭的秘密和隐私。对雇主家庭中不需要知道的事，要做到不闻不问，当家中只有服务人员时，也不应出于好奇随意乱翻家中的东西，更不应将家中东西持为己有。

(2)要加强家政服务人员培训与管理，不断提升家政服务技术能力和水平。

从目前我国家政企业从业人员的现状来看，多数从业人员文化水平不高，服务过程不规范。在多数发达国家，不少家政企业都是连锁化、品牌化经营，企业自己培养和吸引了许多高水平的家政服务人才，不少企业在家政服务技术和管理模式上进行创新，采用线上线下同步管理，利用互联网和大数据进行企业的宣传推广。我国的家政服务企业也必须加强人才培训和管理，实施品牌化经营，不断繁荣我国家政服务市场，提升家政行业整体实力。

(三)金融、保险、财会、服务等现代服务业营销伦理准则

当前，我国服务业的发展相当迅猛，除了传统服务业不断升级改造后，一些新型的服务业在社会经济的发展中也发挥了重要作用。但我们要注意，在这些现代新型服务业中，不少行业的行业伦理还不规范，需要进一步规范。

1. 金融服务营销的伦理准则

金融服务业是现代经济的支柱，金融工作在经济运行中发挥着筹集资金、融通资金、调节货币流通、提高资金使用效益以及加强国际经济交流等重要作用。金融服务业是一个非常需要道德伦理规范的行业，金融服务企业及其从业人员的伦理准则直接影响到金融秩序

的稳定和经济的均衡。在整个经济日益金融化的今天,金融服务企业如果想得到持续健康的发展,就必须尊重金融运行规律,遵守金融职业道德规范。如果一个金融服务企业不能够有良好的职业道德和操守,在经营活动中投机取巧,见利忘义,它势必不能够发展长久。概括来说,金融服务企业和金融从业人员必须遵守以下伦理道德准则。

(1)诚实守信,不搞金融欺诈与内幕交易,扰乱金融秩序。

诚实守信是对金融服务企业的最基本要求,现代经济是信用经济,如果没有完备的社会信用体系,整个经济就不能很好地运行,金融服务企业肯定也就不能够得到持续健康发展。金融服务企业必须诚实守信,不能进行金融欺诈与内幕交易,扰乱金融秩序,这是害人害己的行为。如果在金融服务中不诚实守信,搞金融欺诈,不仅自己的企业不能够生存发展,还会落得违法犯罪被处罚的境地。

在金融服务中,内幕交易是最为普遍的败德行为,这种做法最终逃不脱法律的制裁。内幕交易通俗地说就是证券公司或者某上市企业的人通过各种渠道,把可能影响股价的信息告诉别人并且通过这些信息非法牟利。在美国等发达国家对于金融内幕交易的处罚相当严厉,根据当地刑事法律规定,内幕交易可构成证券欺诈罪,刑期最长可达20年,并处以最高500万美元的罚款。另外,1984年,美国颁布的《内幕交易制裁法》中还进一步规定,除了没收非法获益以外,美国证监会还将对内幕人再追加3倍处罚!

由此观之,讲究诚实信用是金融服务行业的企业和从业人员必须坚持的伦理准则,这不仅是金融服务企业和个人长久发展的根本前提,还是国家金融秩序稳定和经济发展的根本要求。

(2)坚持公平原则,积极开发新产品,促进金融业有序发展。

公平准则是金融活动主体公正平等履行自身权利与义务的准则与行为方式,金融活动主体与各个利益相关者在金融活动中必须公正平等地进行金融交易,这是金融活动健康发展的内在要求。据研究显示,只有当市场被人们认为是公平的时候,人们才会积极投入资本市场。因此,金融服务企业,必须坚持公平的原则,积极开发新产品,促进金融市场的有序发展,只有这样,金融服务企业、金融消费者才能够共同赢利,实现共赢。

(3)履行金融消费者教育责任,增强消费者的金融消费能力。

要发展金融市场,推销金融产品,必须让消费者了解金融消费知识,提升消费者的金融消费能力,只有这样,金融服务市场才能够健康地发展。与我国金融服务市场蓬勃发展形成反差,我国的金融消费者普遍专业素养水平不高,对各类金融知识掌握不充分,正因如此,他们难以识别金融风险及侵权行为,这导致非法集资、欺诈销售、掠夺性贷款等金融乱象屡有发生。在我国,金融服务企业最为紧迫的任务就是要做好消费者教育,通过教育增强消费者的金融消费能力,只有保护好金融消费需求,才能有金融服务企业的良好发展。金融服务企业要通过对于消费者的教育,增强消费者对非法金融广告识别能力和风险意识，刺激消费者的金融消费需求，不断提升金融消费者的消费能力。

2.保险中介服务营销的伦理准则

保险中介是指介于保险经营机构之间或保险经营机构与投保人之间，专门从事保险业务咨询与招揽、风险管理与安排、价值衡量与评估、损失鉴定与理算等中介服务活动，并从中依法获取佣金或手续费的单位或个人。近年来，我国保险中介市场发展迅猛，保险产品营销已成为一个重要的产业。保险作为一种特殊的商品，它与一般商品不同，它的消费关系到消费者的生死与财产收益。保险业也是广义上的金融业，但它与一般金融理财产品不同的是，保险在协调社会关系，实现社会救济方面有着重要的作用。因此，保险的营销，不是买空卖空，不是投机行为，而是一种保障消费者安全的产品消费行为。在现代市场经济条件下，保险中介企业和从业人员也必须遵守保险服务营销的准则，只有这样才能促进自身的持续健康发展，推进我国保险经济的不断进步。

概括来说，保险业企业和从业人员的道德伦理准则包括以下几点内容。

(1)守法遵规。要遵守有关法律和行政法规，遵守社会公德。遵守保险监管部门的相关规章和规范性文件，服从保险监管部门的监督与管理。

(2)诚实信用。保险中介企业和从业人员在保险的营销中恪守诚实信用原则，客观、全面地向客户介绍有关保险产品与服务的信息；如实向保险公司披露与投保有关的客户信息。

(3)专业胜任。保险中介服务从业人员在进行保险营销前必须具有足够的专业知识与能力，并在营销活动中加强业务学习，不断提高业务技能，从而能够更好地适应保险市场的发展。

(4)勤勉尽责。保险中介企业的从业人员要秉持勤勉的工作态度，努力避免工作中的失误。要代表客户利益，对于客户的各项委托尽职尽责，确保客户的利益得到最好保障。

(5)友好合作。保险中介企业要与同行友好合作、共同发展。

(6)公平竞争。保险中介企业要尊重竞争对手，不诋毁、贬低或负面评价竞争对手，要依靠专业技能和服务质量展开竞争，竞争手段正当、合规、合法，不借助行政力量或其他非正当手段开展业务，不向客户给予或承诺给予保险合同以外的经济利益。

(7)保守秘密。保险中介企业对客户的保险内容具有保密的义务，要尊重消费者的隐私权。

3.财务会计服务营销的伦理准则

随着我国社会经济的发展，财务会计咨询服务的需求越来越多，会计师事务所作为提供财务会计咨询服务的企业，也必须适应经济的新变化，恪守诚实信用的价值观念，坚持科学合理的营销伦理，不断发展壮大自己。概括来说，财务会计服务营销必须坚持以下伦理准则。

(1)坚持诚信原则,为客户提供高质量的财务会计服务。

(2)坚持客观性原则,不做假账,不歪曲事实。

(3)要不断提升专业知识和技能,以满足消费者的需要。

(4)要履行保密职责,不泄露客户的财务数据和商业机密。

(5)遵纪守法,不做违反税法或审计法规的事情。

三、网络营销的伦理准则

随着互联网经济的快速发展,更多的产品和服务在网上进行销售,网络营销已经在各行各业开展。目前我国网络营销中的伦理问题类型多样,形势复杂,我们必须认真解决这些网络营销伦理问题。只有坚持网络营销的基本道德准则,才能够促进网络营销持续健康的发展,为互联网经济发展助力。

(一)网络营销的主要伦理问题

1.网络虚假宣传

在互联网上进行营销,不少不良商家往往会进行虚假宣传。例如,一些民营医院进行虚假宣传,冒充国家工程、军队医院,欺骗消费者消费。有的医院甚至没有自己的实体地址,而是从互联网上找到别家医院的图片,用修图软件进行修改。有的医院在宣传治疗脱发、白癜风等疾病案例时,弄虚作假,用虚假照片骗取消费者的信任。这种网络虚假宣传的营销手段欺骗性强、危害人群广,国家已经强令禁止。

2.网络传销

传销不是营销,它的根本目的是骗钱,建立金字塔的结构,上级赚下级的钱。传销不仅不会创造财富,还会扰乱社会经济秩序。因此,世界上许多国家都立法禁止传销活动。在我们国家大力禁止传销的背景下,传销已经悄然转移到互联网上。不少人利用微信等网络通讯工具进行传销。有的甚至自己建立网站,打着营销的名义进行传销。网络传销相比传统传销危害更大,对社会经济秩序具有较大破坏作用。

3.侵犯消费者隐私

在网络营销中,不少企业存在着不合理收集他人资料,非法传播或泄漏消费者信息资料的现象。在营销的过程中,当消费者关注一个企业的公众号,或者是登录企业官网,这些企业会搜集消费者的信息,包括消费者的姓名、性别、出生年月、家庭住址、电话号码、身份证号码、职业、收入等。这样,网站在未经授权的情况下制作了用户的个人档案,可以基本掌握用户的个性和网络购物习惯,从而有针对性地实现商业目的。

4.网络垃圾信息与网络商业欺诈

在互联网条件下,某些企业利用网络具有虚拟性,约束性差的特点,大量推送和发布垃圾广告信息。另外,在网络营销过程中,有些企业还在网上制假售假,利用假网站骗取消费者钱财。这种网络商业欺诈的现象打乱了网络经济秩序,使消费者对网络营销的可信度产生了怀疑。

(二)网络营销必须坚持的伦理准则

针对网络营销出现的这些伦理问题,网络经销企业必须认真研究这些问题出现的原因,并有针对性地解决这些问题,要时时刻刻以消费者为中心,充分发挥网络销售平台的优势,不断提升网络营销的能力和水平,在消费者福利最大化的基础上实现企业利润最大化。概括来说,网络营销企业必须坚持以下伦理准则。

1.以沟通为手段,建立与消费者之间信任关系

针对网上产品虚假宣传泛滥的情况,网络营销的企业必须加强与消费者的沟通。企业可以通过组建消费者群,经营企业微信公众号,接受新闻媒体访谈,开办产品消费讲堂等方式进行产品宣传,通过建立与消费者之间的沟通渠道,让消费者对自己的产品产生信任感,建立与消费者之间的心理契约,通过多渠道地沟通,不断提升消费者对网络营销的接受程度,引发消费者对产品消费的需求。

2.以质量为支撑,让消费者放心进行网络购物

针对网络营销中假货盛行、以次充好的现象,企业要不断提升产品的质量,可以通过货到付款、免费试用等方式,让消费者真实体验到产品的质量,吸引消费者购买企业的产品,使消费者对网络购物满意度不断提升,并成为企业忠实的客户。

3.以合理定价为抓手,推进网络营销公平交易

针对网络营销中价格定价不合理的现象,企业要进行市场价格调研,确定合理价格,让消费者感觉到在网络购买商品比实体店便宜,感觉到网购商品物有所值。

4.以网络直销为主要方式,打造低成本的销售渠道

网络营销的最大的优势是减少了中间流通环节,企业可以努力探索网络直销的销售模式,降低销售成本,让利消费者,吸引更多的消费者进行消费。

5.以技术为保障,切实保障网络营销交易安全

网络营销还要不断提升网络交易安全技术,用严密的技术盾牌来保障交易安全。促进消费者更多地在网上消费,推进网络营销的不断发展。例如,从淘宝网的网络营销历程我们可以看出保障交易安全的重要性。阿里巴巴集团创造了支付宝这种安全便捷的支付平台,并且为消费者的交易支付安全提供了商业保险,这势必会提升消费者网络消费的安全感,促进网络经济的不断发展。

复习思考题

1.商业活动把保护消费者权益作为伦理原则的原因是什么？

2.在商业活动中消费者有哪些基本权益？

3.商业营销活动的基本伦理准则有哪些？

4.商业营销活动有哪些阶段？每个阶段的伦理准则是什么？

5.金融服务营销要坚持什么样的伦理原则？

6.网络营销有哪些伦理问题？基本伦理原则是什么？

第六章

商业伦理与企业社会责任

第一节　企业社会责任观的形成与发展

一、企业社会责任的提出与演变

（一）企业社会责任的论辩：支持者与反对者

早在200多年前，亚当·斯密就提出了自由经济的观点："每一个人，在他不违反法律时，都应听其完全的自由，让其采用自己的方法追求自身利益。"

1924年，英国学者谢尔顿在观察了大量美国公司的商事行为之后，提出了社会责任的概念，这一概念最初被限定在道德和伦理的层面，然后逐渐开始过渡到法律层面。1929年美国股市的崩盘及经济大萧条促使学界开始认真思考企业的社会责任问题，哈佛大学法学院的多德教授率先提出公司应具有服务社会和追求利润的双重目标：公司不仅负有社会负责，还应自愿承担这种责任，这种责任可以延伸到雇员、客户、消费者、居民乃至一般公众身上。

我们今天所谈论的企业社会责任这一概念则是鲍恩在其《企业家的社会责任》一书中提出的。鲍恩被称为现代企业社会责任之父，他认为企业负有不可推卸的社会责任，并将企业的社会责任与企业中的"人"（经营者、管理者）联系起来。

关于企业是否应负有社会责任一直存在争议。当亚当多德提出企业责任问题时，伯利就针锋相对地指出股东利润最大化是企业的唯一目标和责任。虽然伯利本人后来改变了这一观点，但股东利润最大化的思想却一直有不少支持者。而在伯利之后，莱维特和弗里德曼也同时提出反对社会责任论。直至20世纪70年代，弗里德曼仍然宣称，"如果公司的经营者接受社会责任而没有尽最大可能为公司谋取利润，那将从根本上破坏自由社会所赖以存在的基础"。他说："每当我听到商人们夸夸其谈地讲所谓'自由经济体制下的企业社会责任'问题时，我都情不自禁地想起某个法国人的优美诗句，此人直到年近花甲才发现其一生都只是在吟诗作赋。当商人们宣称企业的目标不'仅仅'是追求利润，而且应当致力于理想的社会目标，企业应具有'社会意识'并把改善社会环境、减少犯罪、防止环境污染等都视为庄严的责任时，这些商人相信他们在维护自由经济。如果他们真正严肃对待他们所宣称的责任而不掺杂其他政治的考虑，那也许他们真是这样认为的。但事实上，来自知识界的这种口号式的论调在过去的十几年已经严重损害了自由社会的基础。"

哈佛大学的西奥多·莱维特教授则直接提出把企业与政治相关联是非常危险的，

这是因为企业将逐步演变为具有支配地位的经济政治和社会权利中心，社会问题只应当由政府来解决。

弗里德曼与莱维特都认为企业社会责任观是一种自相矛盾的观点，他们认为“自利”与“自由”是保障经济活力的根本，而企业社会责任恰恰阻碍了这一点。他们认为企业只受到法律的约束就足够了，任何超越法律的道德要求都是与企业目标背离的。

（二）责任观的变化：从经济、法律到社会责任

对企业社会责任的论辩实际上经历了从经济、法律到社会责任的变化。

20世纪五六十年代，对企业社会责任的理解主要源于以下方面：企业的发展是否给社会带来损害和外部成本？企业有无责任保护社会福利免于这种损害和额外成本？企业是否应当在追求自身利润的同时致力于改善社会福利？

1.法律模型

法律模型的核心思想是法律可以保护社会利益免受企业活动的损害，只有政府可以采取相应的行动（比如征收环境税资源税等），企业则只要遵循法律即可。

2.经济模型

经济模型的核心思想是股东价值的实现，企业本身的责任就是实现股东利益最大化。

法律与经济模型下的企业责任观点认为，在法律制约下的自由竞争可以自动调节企业活动，从而保障社会利益的实现，企业无须关心法律和经济以外的其他责任。这一观点忽略了自由竞争下的市场失灵和法律规范的局限性。通常情况下，法律仅是道德的最低要求，古罗马有句关于法律的谚语，“为了实现正义，哪怕它（法律）天崩地裂”，说的就是法律界对道德与法律的选择。

正是考虑到法律和经济模型的局限性，鲍恩将企业责任扩大到了社会领域。其后一批学者都继承了鲍恩的观点，他们认为企业的决策者在保证企业自身利益的同时必须采取行动来保护并改善社会福利。20世纪70年代，塞思更进一步提出了企业活动应当与社会主流的规范、价值观和目标一致，从而把企业的社会责任与社会期望联系在一起。用卡罗尔的话说，“当人们面对那些触及社会观感或违背伦理原则的事情时，就会想到企业的社会责任问题。企业社会责任确立了企业和社会之间的一种关系”。这些学者的观点逐渐颠覆了传统的企业责任思想，开启了现代企业社会责任观。

在中国古代社会，殷实的乡绅通常会把设立“私学”、修桥铺路看作义不容辞的责任；富有的商人们往往会为家族和乡亲提供较为固定的帮助，如赈济灾民、施粥舍药、设立义学等。例如，清末商人胡雪岩就设立了胡庆余堂，其宗旨并非“利润最大化”，而是定位在慈善与建立胡氏事业的社会形象方面。西方国家也有这样的传统，弥尔顿·赫尔西

就是其中的一个典型，在他的身上体现了“慈善”“责任”以及“个人专制”的高度集合。作为好时公司的创始人，赫尔西在累积巨大个人财富的同时，积极投入慈善事业，并创办了弥尔顿·赫尔西学校，为社会提供免费教育。

传统商人们对社会的贡献可能一点也不亚于现代的大企业家，但他们的行为更多被视为基于个人“德性”的“慈善”之举，而不是履行企业的“义务”和“责任”。现代企业社会责任观的重要变化之一就在于企业履行其社会责任是一种义务而不是高高在上的“回馈”。企业不仅需要向投资者负责，还因其消耗大量社会资源，富有“天然”的社会责任。

二、企业社会责任的界定

时至今日，企业社会责任观已经得到了普遍认可，对企业社会责任的界定也形成了比较统一的认识，经济—社会模型、利益相关者模型和三重底线模型是最为普遍的观点。

(一)经济—社会模型

经济—社会模型比较典型的代表是层次责任模型、同心圆模型和相交圆模型，如图 6-1 所示。

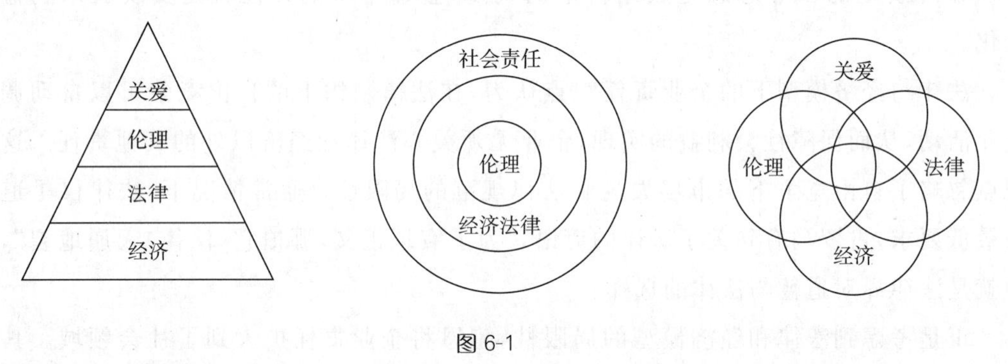

图 6-1

1.层次责任模型

层次责任模型是由卡罗尔提出的，他采用四分法将其划分为经济责任、伦理责任、法律责任和关爱责任，如表 6-1 所示。卡罗尔的观点认为，企业社会责任的这四个方面并不是同等重要的，而是分成若干层次的，自下而上分别为在提供合格产品和服务的同时，能够获取利润(满足经济责任的要求)；遵守法律、法规(满足法律责任的要求)；遵守“道德正确”的行为准则(尽伦理责任)；积极为社会福祉作出贡献(尽关爱责任)。

表 6-1 卡罗尔的企业社会责任四分法

责任类型	社会期待程度	举例
经济责任	必需的	利润,收入最大化,成本最小化
法律责任	必需的	遵守法律、法规
伦理责任	期待的	做正确的事,公平与正义
关爱责任	理想的、期待的	"好"的企业公民

2. 同心圆模型

1971 年,美国经济发展委员会在其所发布的《商事公司社会责任》中,将企业社会责任划分为三个同心圆,其后戴维斯等人也对同心圆模型进行了详细的解释。企业社会责任同心圆分别代表了企业三种不同层次上的责任:与企业传统经济角色相匹配的责任以及由此产生的社会和伦理责任(比如基于诚实信任、公平正义等基本原则,企业需要对其员工、客户及其他利益相关者所应尽之责)。第二个同心圆是在第一个同心圆基础上的向外延展,是企业经济活动与社会热点问题结合(比如生态问题、环境质量问题、消费主义等),在这个层次上,企业被期待负担起基本责任之外的更多责任。最外面的同心圆则代表了企业有责任帮助解决综合性的社会问题(如贫困问题、健康问题等)并推动社会发展。相较于卡罗尔的层次模型,同心圆模型对企业提出了更多的社会义务和责任。

3. 相交圆模型

除了层次模型和同心圆模型外,相交圆模型(IC)同样值得关注。IC 模型与前两种模型的不同主要体现在以下两点:其一,企业社会责任的不同部分是相互联系相互影响的;其二,不同责任之间并无一定的次序,不应对其按重要性进行排序。

(二)利益相关者模型

利益相关者模型是一种基于利益相关者观点而提出的企业社会责任论,强调企业社会责任建立在企业与其利益相关者的相互关系之上。

利益相关者模型的关键在于确定谁是企业的利益相关者。1984 年,美国弗吉尼亚大学教授爱德华·弗里曼在其《战略管理:利益相关者理论》一书中将利益相关者分为股东、雇员、消费者、供应者、社会和政府六种类型,认为企业与这些利益相关者之间存在特定的契约关系,并因此对他们负有相应的责任。随着时代的发展,利益相关者的范畴逐渐扩大,具有非社会属性的生态环境等也逐渐被视为重要的利益相关者。

第二节 企业社会责任的现状及履行中的问题

一、企业目标与资源占用

企业社会责任观直接影响企业在实践中对商业伦理的理解和遵行。企业经理人对企业目标的第一认知是利润或股东利益(价值)最大化。在这一认知下,企业管理者对与此目标相关的经营活动给予高度重视,那些与提高企业市场占有率、提升企业品牌形象或者降低企业成本有直接关系的活动基本上都处在企业的核心位置,这一点与几十年前相比并没有太大的改变。那么为什么在现阶段更多企业把"社会责任"作为重要的目标提上日程呢?

企业社会责任被看作企业的重要目标,在很大程度上是由于企业利益相关者的"观念"变化。其中有两个关键点:一个是"资源占用";另一个是"权利配置"。

"资源占用"是指企业运营、发展和成长的基础之一是其长期占用本应为社会全体成员所拥有资源,这里的资源包括自然资源、人力资源以及其他社会资源。企业理论指出企业通过某种形式的特许,从政府手中获得了占用社会资源进行经营的权利;综合社会契约理论也持类似观点,该理论认为企业是通过与所在社会订立契约而取得存在合法性的,公司必须增加消费者和员工利益、增进社会福利来换取这种合法性以及长期的兴旺发达。因此,作为对社会的回馈(或者是基于资源占用或者是基于契约),企业回报其利益相关者,尤其是关键性的利益相关者,是理所当然的,用"在商言商"来推卸企业社会责任,显然是不合时宜的。

"权利配置"是指善用权利是企业管理者必须谨慎考虑的事情。现在的商业社会中,无论是在世界的哪个角落,大企业都拥有了前所未有的权利。这不仅表现在资源配置和财富分配方面,还体现在知识与技能的权利、话语权等其他方面。

知识经济时代的专业分工使企业具有更多知识优势。例如,在企业与消费者关系中,消费者在购买某种产品和服务时,显然处于知识劣势地位。也许个别消费者在特定领域内可以基于知识和技能作出明智的判断和选择,但大多数情况下其显然只能依赖对企业(也包括企业运营的环境,如行业环境和社会环境)的信任。基于这种不对称关系,企业应该负有更多责任。

在多数情况下,相比较于个人或某个群体,企业尤其是大企业掌握了话语权的优势。即使在标榜自由竞争的社会,国家垄断或大企业的垄断、企业力量与政府力量的结合,都使大企业的话语权大大增强,并左右社会政治和舆论的运作。虽然在很多情况下,企业尤其是大企业掌握了在资源占有和财富配置方面的优先权利、垄断性的知识和技能优势以及大多数的话语权，但是当企业的所作所为超过某个难以预知的临界点，大企业的垮掉与倒下也只是瞬间的事情。

企业履行“社会责任”有助于其完成“经济责任”，但这并不意味着企业社会责任目标完全从属于经济目标。如果仅将企业社会责任作为解决公共关系或处理企业危机问题的手段，则是非常危险的。缺乏社会意识的企业及其管理者，达到其短期目标后难以持之以恒地推进其社会责任目标，就很难通过企业社会责任窗口建立良好的企业形象。想要促使企业社会责任目标成为企业长久竞争力的动力，必须真正理解企业关键利益相关者与企业社会责任之间的关系。

二、企业与利益相关者

(一)利益相关者界定

在应用于企业社会责任管理之前，利益相关者理论就已经存在了相当长的时间。在何谓利益相关者的问题上，研究者的界定虽然不尽相同，但是都遵循一个基本原则：公司必须关注受企业政策和活动影响者的利益方及其需求方。被普遍接受的定义认为利益相关者是被企业绩效所影响的群体，没有这些群体(如股东、雇员、客户、供应商、债权人及社会等)，企业可能就无法生存。企业管理者必须认识到利益相关者的需求和社会需求的不同，企业管理者关注的是利益相关者的需求而不是抽象的社会政策。

对利益相关者的划分，经常依照其与企业的关系属性而定。可以按照利益相关者对企业是否拥有所有权、与企业经营是否发生直接经济关系，或者是否与企业有社会利益关系来分类；也可以按照消费者、雇员、客户、商业伙伴等进行分类；此外，还可以按照利益相关者的关系属性(经济属性、社会属性)、其与企业关系密切程度(直接关系、间接关系)进行的分类。

另外一种类型的分类方法则是按照利益相关者对企业的影响力大小将其界定为关键利益相关者、非关键利益相关者，甚至将与影响力相关的其他因素引入分类，建立更复杂的分类系统。

在狭义社会责任观点下，只有与企业盈利目标直接相关的群体才会被视为利益相关者，主要有股东、客户、消费者、供应商雇员、合作企业以及政府等。他们的共同特点是能够影响企业决策。在这种观点下，社会责任发生了从被视为“企业的负担”到被视为“有益的投资”的变化，企业决策的核心都是企业自身的损益。只有在承担社会责任的收益大于成本时，决策者才会关心社会责任。

用广义社会责任观点来看，除了股东、投资者、顾客、雇员等传统意义上的利益相关者外，当地社团、第三方机构（如环保组织、动物福利保护组织）、贸易团体乃至生态环境、子孙后代等，均被视为利益相关者，企业决策也不再仅站在自身损益的立场上。

对利益相关者的识别，最终还是取决于决策者的认识和对社会责任损益的评估，在这方面，狭义和广义的社会责任观的基本认知和态度有很大不同。

（二）利益相关者管理

利益相关者不应狭义地局限于能够影响企业盈利的直接相关者，但企业也无法将社会责任看作一种博爱。企业的社会责任是一种利他利己的双赢游戏。很多当代的经营者知政者，在谈及企业社会责任或利益相关者时经常走极端，或者将其视为博爱，将自身定位高高在上的施舍者；或者将其视为一种负担，并依其对企业盈利的影响而决定自身的态度。

企业只有在认识承担社会责任能带来更多收益时，才会认真对待其责任。因此，以是否与企业经营直接相关来划分利益相关者，是一种更容易被接受的方法。与企业经营直接相关者被称为主要利益相关者（如企业的雇员、投资者、股东、客户以及为企业提供必要基础设施的政府和社团等），与企业经营间接相关者被称为次要或第二类利益相关者，包括媒体、各种贸易协会、特殊利益团体等。

从利益相关者的视角出发，有三个环节是决策者必须关注的：一是识别重要的利益相关者，收集相关数据并评价企业与利益相关者之间的相互影响和作用；二是在企业运营中使用这些信息；三是对利益相关者的需求作出回应。这三类活动贯穿企业社会责任管理的始终，是企业伦理决策的重要基础和组成部分。

在第一个环节中，可以通过利益相关者分析识别主要的利益相关者（内部和外部利益相关者），对利益相关者进行分类（确定利益相关者的所属群体）并在此基础上识别每类群体的需求，分析不同群体对企业的期望以及这些期望是否获得满足。

在第二个环节中，关键是对企业如何处理利益相关者的需求和影响作出评价和反应。所谓评价，主要评估利益相关者尚未满足的期待是否能够达成以及企业需要付出多大成本和努力才能达成这些期待（在此，需要进行损益分析，包括经济、声誉、社会福利等各种损益分析）。在这个过程中，企业决策者经常考虑的是企业为履行社会责任所付出的努力是否能够得到足够的回报（既包括狭义的回报，也包括广义的回报），但不同的决策者对“回报”的界定和着眼点（长期和短期）可能是完全不同的。决策者最终需要确定企业的伦理价值观和共同目标，使对社会责任的认知变成企业共同的价值观和使命感。

只有在这个基础上，企业才可能真正回应其利益相关者的期待，这是一个执行与反复强调的过程。因为企业社会责任认知的不同，有些责任，特别是超出法律和经济范畴的责任,在决策体系中也许会被忽略,所以,反复的制度化的强调就变得必不可少。

在大多数情况下,企业对不同利益相关者的关注往往依据其对企业经济利益的影响程度而有所不同。决策者通常根据利益相关者对企业的影响程度和影响性质决定自身的态度。对那些具有高破坏性影响力的利益相关者,企业经常会保持较高的警惕性,并关注其需求;相反,对那些有支持性影响但影响力较低的利益相关者,企业可能会弃之不顾,此时就需要法律的监督和制约。

随着社会压力的增长,企业已经开始倾向对所有利益相关者,包括弱势利益相关者(生态环境、动植物、特定的客户与消费者),承担更多责任。根据现代企业社会责任观分析,对利益相关者认知的扩展以及对利益相关者责任的承诺,更容易为企业获得好的回报。

三、企业公民与社会责任履行

(一)企业公民思想的确立

"企业公民"这一概念的提出是从战略高度来衡量企业的社会责任。企业不仅应当履行社会责任,还应当做得更好。企业有责任解决社会问题,把自身定位成社会的成员之一去推动社会共同目标的达成。一个好的企业公民能够把企业和社会的利益视为一体并有效管理其对社会的影响企业公民既承担对其在所在社区的责任(包括企业与其雇员及与企业产品和服务相关的各环节的利益相关者所组成的广义社区),也通过其产品、服务、供应链、交易网络、广告等各种行为承担对全社会的责任。

企业公民理念的核心在于,企业努力实现共同社会目标的责任,来自企业所拥有的社会资源与社会权利,企业努力实现共同社会目标是企业在广义社会责任观下的最佳表现。

企业公民的典型特征就是全面履行企业社会责任,推动社会福利的发展。费雷尔将其总结为六个阶段:建立企业文化、识别利益群体、识别伦理问题、评估组织承诺、资源配置与优先顺序的确定、反馈意见。这是充分体现了企业社会责任目标的确定、决策评估、反馈与参与,这些都是需要建立企业内部规制与流程加以保障的。

1.建立企业文化

企业文化包括企业的价值观、企业的使命与发展愿景等,这些都与企业社会责任的全面履行有直接关系。在良好的文化氛围中,企业决策者的伦理决策相对较少受到干扰,并易于执行。

2.识别利益群体

这里重要的是识别利益群体的需要、想法和期待。

3. 识别伦理问题

有些重要的企业伦理问题经常被忽略。例如，员工福利与工作保障问题，这是一个值得考虑的问题。欧洲的社会思潮提倡社会保障、公平与个人竞争、努力并重的观点，企业在处理与员工保障相关的伦理问题时格外慎重。当全球化的进程逐步加快之后，原有的那些伦理容忍度较高的地方也可能发生变化。例如，中国社会对企业无法保障员工权益的伦理容忍度就已经开始降低，一些企业中发生的问题开始引起社会的关注，对过度强调“狼”文化的观点已变得不那么被欣赏甚至出现很多质疑。

4. 评估组织对社会责任的承诺

前三个阶段是理解企业社会责任，从这一阶段开始就是走向行动，对企业社会责任承诺的利害得失进行评估。企业的社会责任承诺在有利于企业利益的情况下是没有问题的，但是如果超出了企业的实际能力，其可实现性就值得怀疑。

5. 组织资源配置与优先顺序的确定

我们在确定资源总量情况下，对需要优先解决的问题要加以关注。例如，在发达国家和发展中国家，在落后地区和领先地区，人们对所谓“人权”“环境”“气候变化”“员工权利”的理解是不一样的。

企业公民往往能够获得不错的收益，由企业社会责任协会与企业社会责任杂志组织的最佳企业公民评选活动选出了 2009 年的 100 家最佳企业。在其评价指标中考虑了企业的环境责任、气候责任、人权责任、慈善责任、雇员关系与公司治理等。根据协会发布的统计数据可知，上榜企业在过去九年中，三年平均收益高出其竞争对手 26%。

6. 意见反馈

企业利益相关者的意见反馈有三种渠道，即满意度或商誉调查、特定利益相关者的调查、专业机构调查。

企业在对其社会责任进行管理时，需要强调组织目标、组织政策以及利益相关者的参与。组织目标的保证来自领导的授权，如果在决策过程中央策者并未被充分地授权，企业社会责任的考量因素就很难真正纳入决策体系。

（二）企业公民与特殊企业

企业群体作为社会公民的一分子，如同社会群体的构成，有强弱之分。强势企业不能把它的成功和强大完全归结于自身的努力和能力，很多时候诸如垄断地位、资源占有等因素也有非常重要的影响。因此，对这类企业，寄予更高的期待和要求也是必然的。这其中，资源消耗型企业、跨国公司和国有企业的问题尤其值得关注。

1. 跨国公司

跨国公司在全球化体系下，面对多元文化和宗教体系、不同的甚至可能是相互冲突的法律体系以及完全不同的经济发展状况，在推动企业社会责任和企业公民的实践方面会有不同的表现。人们争论的焦点在于跨国公司因其所拥有的巨大影响力，到底应承担何种责任。

与一般企业不同，跨国公司不仅需要遵从本国法律，还应当在东道主国的法律、文化和社会规范下承担其责任。由于跨国公司往往拥有庞大的业务体系，在产业链条中具有绝对优势，因此，他们也被要求不仅承担规范和约束自身的责任，同时还要对其所影响的商业合作伙伴加以约束和指导。我们通常认为，跨国公司应承担更多的企业公民责任。

跨国公司的社会责任与义务主要体现在尊重法律，在安全、环境保护、劳资关系、消费者保护、公司治理、反对商业贿赂和腐败行为、信息披露、尊重人权等方面作出表率。联合国全球契约组织的十项原则也体现了这些内容。此外，社会责任国际标准(SA8000)也已经成为全球企业社会责任管理的基本指南。很多跨国公司参与全球契约的签署、发表企业社会责任报告。

2.国有企业

多数国家都有国有企业，国有企业往往是资源型企业或提供公共服务类企业或掌握国家经济命脉的企业。

国有企业的监管问题历来都是一个难题。例如，如何看待国有企业管理者的贡献？他们从国有企业获得薪酬是否符合社会期待？这一问题在国内外都曾引起广泛争论。瑞典政府在2009年3月24日，曾宣布将禁止本国所有国有企业向高级管理人员发放奖金。时任瑞典财政大臣安德斯·博里明确要求，“毫无疑问，国有企业管理层必须把瑞典民众的福祉放在心上”。在金融危机中，那些接受了政府救助的企业高管也被要求限制其薪酬。在社会舆论的压力下，瑞典沃尔沃卡车公司和北欧斯安银行(SEB)都相继撤回了已拟定的高管薪酬方案。

3.资源消耗型企业

资源消耗型企业中也有许多是跨国公司或国有企业，这类企业是通过占有、使用稀缺资源而形成其运营过程和利润来源，并因其所掌握的资源而在经营过程中拥有更大的话语权(如产品的定价、能源的产销与配置等)。在运营过程中，它们也不可避免地对所在环境造成各种各样的负面影响。例如，石油行业、煤炭行业、电力行业、采掘业等，这些行业在给社会提供发展的基本动力时，所影响的利益相关者也是非常广泛的。它们不仅对社会属性(人类)的利益相关者，还对非社会属性(如自然环境、生态系统等)的利益相关者有着巨大的影响。

因此，人们对这些企业履行社会责任的要求也不同于一般类型的企业，通常，其在有关环境、安全以及社会补偿方面的责任和义务，相较于其他行业更多一些。

第三节 企业社会责任的实践经验

一、国内外实践经验

从企业社会责任的争论到企业共识的达成过程中，企业社会责任实践多于理论探讨，并早已超出商业背景，企业与其他利益相关者之间的伦理伙伴关系已经成为一种常态。国内外经验表明，企业履行社会责任，是诸多内外因素共同作用的结果。如果缺乏内在动力和外部压力，决策者们在面对诸如利润最大化、企业公民、相关者利益矛盾与冲突等问题时，则很难作出正确的选择。

（一）内在动力

推动企业履行其社会责任的内在动力来自组织文化和组织中的“人”，来自提升企业竞争力的需求。

1. 获取竞争优势

有社会责任感的企业往往在产品和服务上更能满足用户和消费者的需求并且符合他们的价值观。例如，采取公平贸易手段、提供较好的员工福利、采用绿色环保设计等，都能提高产品和服务使用者的消费效用，从而创造缝隙市场或引导企业的创新活动，使企业获得竞争优势。与此同时，履行企业社会责任还可以给企业带来较高的声誉，将其转化成竞争优势并最终提升企业的赢利能力。与传统的将企业社会责任视为负担的观点相反，企业社会责任的履行有时并不一定给企业带来财务负担，反而会给企业赢得“好”名声。

2. 领导者

企业社会责任的履行往往源自企业高层和领导者，领导者在塑造伦理氛围上具有高度的主导权。一个有社会责任导向的高层领导，在其组织运作体系的各个方面时，都比较倾向以一种合乎伦理要求和社会期待的方式从事运营活动。

3. 企业雇员

社会责任感可以增强企业雇员的荣誉感，从而使其产生好的工作绩效；履行社会责任较好的企业对有责任感的雇员也有较高的吸引力，已经有越来越多的企业开始用“社会责任”的光环吸引新雇员加入本企业。另外，企业雇员既是社会责任实践的推动者和实践者，也可以从社会责任实践中获益，他们可以获得更好的收入、工作条件和社会尊重等。以谷歌公司为例，其公司提供的免费午餐、疗养计划、免费诊疗及其他健康服务都是员工福利的一部分。很多其他公司还提供免费托儿服务、洗衣服务等。

4.营销与公共关系

企业社会责任直接与企业的形象联系在一起，有很多投资者非常关注所投资企业的社会责任形象，他们更愿意投资那些具有良好企业形象的公司；消费者和其他利益相关者通常也更愿意与这样的公司打交道。

（二）外部压力

决策者一般会面临以下几个方面的外部压力。

1.投资

随着投资者社会意识的觉醒。在一些国家和地区出现了大量的由非政府组织和资本市场推动的社会责任投资。所谓社会责任投资就是投资者不仅考虑投资的经济回报，还考虑投资对象在社会责任和其他社会活动中的表现。社会责任投资有逐步扩大之势，并可能推动企业及其管理者更加关注社会责任。据统计，2005 年，美国约有 10％的投资属于社会责任投资，其总额从 1995 年的 6390 亿美元增加到 22900 亿美元，其中股东支持的社会责任投资从 4730 亿美元增加到 7030 亿美元，社会责任筛选投资从1620 亿美元增加到 16850 亿美元。

2.非政府组织与行业组织

非政府组织在诸如环境、资源、生态、动物福利、人权及劳工权利保护等各方面对企业的社会责任实践具有重要影响。这种影响可以是社区性的，也可以是地域性的，甚至是全球性的。

行业组织在推动企业社会责任实践方面也有相当大的影响力。例如，英国注册会计师协会(CAAC)发布了可持续发展报告，从而对包括英国、中国香港、新加坡、美国、爱尔兰、加拿大、新西兰、澳大利亚、斯里兰卡、印度、巴基斯坦等国家和地区的企业，都起到了规范和指导作用。

3.其他利益相关者

供应商等商业合作伙伴、消费者、所在社区等，都影响企业社会责任实践。当这些利益相关者本身对社会责任给予高度重视时，就会形成较大的外部压力迫使企业主动履行其社会责任。

4.政府规制

政府在企业社会责任实践中既可以起到积极推动作用，也可以是一种障碍因素。在劳工权利保护、财务信息披露、公平交易、环境保护等诸多方面，政府的作用是至关重要的。很多跨国公司在其母国和在东道国的表现有天壤之别，其中重要的原因就在于制度环境的差异。这种差异跟各国政府的行为有直接关系。

(三)政府作用

企业内外部的动力和压力推动越来越多的企业加入企业社会责任实践中,使之呈现全球化色彩。虽然由于文化、经济政治等原因,不同地区在企业社会责任实践方面各有特色,但其共同的经验之一就是政府、企业合作推动企业社会责任的实践。政府引导企业社会责任实践通常有以下几种表现形式。

倡导企业社会责任:对企业社会责任活动予以支持和奖励,向企业和社会公众提倡企业社会责任观。

推动企业社会责任实践:以向企业和社会公众提供信息支持提供研究资助等方式来推动企业社会责任运动的发展。

推动伙伴关系:推动公共机构和私人机构之间的合作,推动利益相关者之间的合作。

发布法律规制:制定相关法律,强制企业履行社会责任。

(四)企业社会责任报告

多数企业乐于有技巧地向社会和利益相关者展示其社会责任实践,发布“企业社会责任报告”和网络宣传是比较常见的两种形式。观察上市公司网站,多数企业都将企业社会责任列在明显的位置。

企业社会责任报告的内容包含了从推动社会发展、创新和变革到改善雇员工作条件等不同方面,其重点通常与企业拟塑造和突出的形象密切相关。

在实践中,企业对社会责任的理解与外部制度和文化环境密切相关,不同地区间有较大的差异性。这些差异通常都反映在其社会责任报告中(见表 6-2)。

表 6-2　欧美对企业社会责任理解的差异

CSR 层次	美国的理解	欧洲的理解
经济责任	企业政策的重点是“好”的公司治理结构、报偿和消费者保护	其实一种法律结构,成文法,对 35 小时工作制、最低工资制度、医药产品开发和检测进行详尽的法律规制
法律责任	企业的法律义务相对较少	企业的法律义务相对较多
道德责任	公司政策主要体现在本地社会	企业应提供教高水准的国家福利、公共符合相关的税赋
关爱责任	企业应主动为文化、艺术、大学教育提供赞助资金	由于税赋较高,因此认为国家应是教育、文化服务的主要提供者

同欧美相比,中国的企业社会实践还处在起步阶段,其实践特征介于欧美之间。与欧洲相比,中国的法律规制的力度相对较低,难以对企业起到真正的约束力量;与美国相比,在缺乏法律责任制约的情况下,企业的自愿责任观念还正在形成的过程中,企业社会责任实践的动力主要来自企业从事“慈善”和“公共关系”的激励,而其外部压力主要

来自社会舆论和公众要求。相较于欧美企业公会(行业协会),中国的相关部门和行业协会所起的作用还不算太大。在这种情况下,一些强势企业集团在履行其社会责任、宣示企业公民行为时,持有俯视态度,其重视外部关系远甚于企业内部关系的调整,在保障劳动安全、提供劳工保护及建立合理报偿体系等方面还任重而道远。

二、经验与现实的背离

经验告诉我们,跨国公司和国有企业应当是一个"好"的社会责任实践者和"好"的企业公民,但现实却往往给出不一样的答案。经验与实践的背离使有关企业社会责任实践的争论不时发生。

(一)"隐性"社会责任与"显性"社会责任

隐性责任是指社会责任嵌入公司的正式或者非正式的制度中,企业对社会责任的理解更多隐含在企业的文化、价值观或公司的强制性规定中,企业在制度上保障履行自身社会责任。

显性责任是指用清楚明白的社会责任语言阐述企业对社会责任的看法,该看法将企业社会责任视为一种"自愿"责任,认为企业社会责任政策是"自愿"和"利己"的,而非"制度"驱动的。

通常认为,在市场驱动的自由经济制度环境下,企业往往倾向显性责任;而在政府或其他因素干预的协调经济制度环境下,企业比较倾向隐性的责任。前者更重视企业的战略考量,把企业社会责任视作战略发展的一部分;后者则偏重于对制度环境的要求作出反应。企业实践对显性责任和隐性责任的选择,与制度环境(政治、金融、教育和劳动力、文化系统)有直接的关系,制度规制的力量越强,企业就越倾向于隐性的社会责任。

(二)内部利益相关者与外部利益相关者

目前,还有许多企业和社会公众将慈善事业视为企业最主要的社会责任,甚至单纯以慈善为标准对企业进行评价,这种认识忽略了企业社会责任的根本。在实践中,包括OECD(经济合作与发展组织)、跨国公司行为准则、全球契约十项原则等,都没有将慈善事业纳入企业社会责任的范畴。

从企业社会责任外部利益相关者的角度看,产品安全问题、环境问题以及慈善问题是国内目前讨论的几个焦点问题。

从内部利益相关者的角度看,忽视劳工福利甚至无视雇员基本权利以及性别歧视、年龄歧视、侵犯隐私权和尊严、缺乏劳动安全保障等有关事件频发,都显示很多企业内部的基本伦理问题尚未解决。

上述问题显示：一个不能以道德方式经营的企业，不可能是一个尽责的企业；一个对内部和外部相关者利益视如无物的企业，即使高调行善，也不过是一种“表演”而已。脱离道德底线而谈论企业社会责任，毫无意义。

第四节　社会责任观下的商业伦理问题

一、商业伦理与企业社会责任

商业伦理和企业社会责任这两个概念经常被混杂在一起，那么，企业社会责任与商业伦理有什么区别？

到目前为止学术界并没有给出一个清晰的、被广泛接受的概念界定。有人曾经这样解释二者之间的差别：商业伦理处理的是个别组织在与道德相关的决策或行为中所面临的问题或两难处境；企业社会责任则是从整体上探讨企业组织行为的后果。

从总体上看，商业伦理和企业社会责任之间有着密切的联系。多数情况下，商业伦理的重点是指导企业在商业活动中作出合乎伦理的决策，其更关注于在具体的道德情境中识别和道德问题的解决；企业社会责任则重在探讨企业作为一个整体所负担的社会责任和义务。对企业社会责任的认知，是商业伦理决策的重要理论基础和指导。

二、当代商业伦理问题

结合国内外商业伦理实践的现状，按照企业与其利益相关者的关系，重点分析以下几方面的伦理问题。

(一)市场竞争中的商业伦理问题

商业伦理从来都不是单纯的企业自律或道德自律问题，在市场竞争的制度环境中，塑造和影响着一个社会的商业伦理氛围与伦理决策的基本导向。

有什么样的社会公众和什么样的政府，就有什么样的社会伦理状态。很难想象在一个视诚信为手段与权谋之术的社会中，企业家会乐于遵从诚实守信的商业准则；一个毫不在乎自家庭院之外公共环境和公共利益的社会，其决策者和管理者会愿意将公共利益切实纳入他们的决策范围。

市场竞争中比较突出的商业伦理问题主要体现在三个方面：市场与垄断、商业欺诈与信用危机、贿赂与腐败，这些问题在成熟的市场经济中也同样存在。

（二）产品、服务与消费者关系中的商业伦理问题

在很多成熟的市场经济中，产品与服务中的伦理问题更多表现在少数新兴行业中，尤其是那些技术创新频繁的现代服务业中。而在多数传统行业中，商业伦理决策已经相当成熟。作为新兴经济体中发展速度最快的国家之一，中国在当代商业伦理实践中出现的产品与服务中的伦理问题是相当令人头痛的，我们必须同时面对发达国家在各个历史时期面临的所有问题，包括层出不穷的产品质量与安全问题。在某种程度上，这些问题已经部分抵消了中国近几十年 GDP（国内生产总值）高速成长所带来的成就感，并对中国产品和中国制造带来严重的伤害。

在诸如消费者保护、关爱与尽责、信息披露等方面，企业决策者和管理者同样可能面对诸多困境。由于现行法律体制中的相关规定尚存在较多漏洞和自由裁量空间，企业的道德自律成为“产品与服务”中商业伦理决策的关键。

（三）企业与内部利益相关者关系中的伦理问题

股东、雇员以及管理层之间的关系中存在很多伦理模糊地带，同时内部利益相关者的伦理问题也直接影响到企业与外部利益相关者之间的关系。

这些方面的问题同样错综复杂，一方面若干传统的伦理问题（如股东权利与责任、管理层的尽责、雇员权益保护等问题）亟待解决；另一方面，各种新的伦理问题还在不断产生（如个性化的追求与企业的规范之间、企业内部的平权问题等）。从雇佣伦理的角度看，在包括雇员薪酬与劳动报偿、职业健康与安全、培训与发展、与管理者的沟通、雇员的多元化与劳动歧视等一系列问题上，企业都必须建立合理的伦理准则作为日常决策的指导。同样，公司治理则是内部伦理的重要主题，包括股东权益分配、经理人报偿、董事会责任分配、审计与控制、风险管理、CEO 的选择、财务报告、利益相关者参与决策等一系列问题，如果没有明确的伦理准则和对利益相关者的制约与保障，则企业可能承担巨大的伦理成本。

不难想象，在缺乏现代商业伦理实践基础的情况下，企业组织和组织中的个体都将面临很多问题和难题。在高度商业化和全球化的今天，仅仅依靠企业组织中个人的努力是无济于事的，我们必须建立制度化的伦理准则和伦理决策规范，在这些准则的背后，隐含着企业基本的商业伦理观念和伦理导向，体现着企业的伦理氛围和伦理环境。

（四）当代挑战急需应对的问题

当代商业伦理决策中的些关键性的挑战主要来自于创新、环境保护以及全球化。创新在推动人类社会经济进步的同时也带来诸多伦理问题。因此，如何评估和使用创

新技术并确保在创造商业利益的同时不妨害人类福祉的提升和完善，对多数决策者来说都是一种挑战。环境保护问题则是另一重挑战，人类经济活动的影响已经远远超出了人类自身的范畴，并将最终威胁人类自身的生存与发展。今天的商业伦理决策必须把环境因素纳入其中，这已经不是企业的"关爱"责任，而是一个必须考虑的问题。

全球化趋势所带来的巨大变化在于跨国公司取得了前所未有的优势，不同地区间政治、社会、经济环境以及文化和价值理念的差异使跨国公司面临更多的道德责任。这些责任不仅体现在跨国公司本身如何做，还体现在跨国公司所影响的利益相关者如何做。在当今这样一个复杂而多变的时代，企业组织及其利益相关者必须努力了解并控制其行为的后果，以应对其所面临的挑战。

当代商业伦理的重构与管理包含多重角度：伦理领导力、伦理战略、伦理制度建设与伦理文化等。虽然伦理研究和实践提供了若干可行的解决办法，但要加以落实，还需要付出巨大的努力。在把握企业社会责任的基础上解决好这些方面的问题，既有助于改善中国商业伦理实践现状，也有助于从根本上改善中国的商业环境。

复习思考题

1. 中国正在经历前所未有的变革，传统的伦理道德观念受到各种现代思潮的影响。如何看待这种伦理变化与商业伦理现状之间的关系？你认为应如何更好地界定中国企业的社会责任呢？

2. 中国传统文化具有高度的自省精神，如"朝闻道，夕死可矣""吾日三省吾身"等，但同时士大夫文化所特有的"民可使由之，不可使知之"的观点又充满了自上而下的道德傲慢与对庶民的轻视。文化差异是企业社会责任表现出差异的根本原因吗？观察并比较不同文化背景下企业社会责任实践的差异，说说你是如何理解文化对企业社会责任的影响的。

3. 企业的利益相关者众多，诸多利益相关者对企业的影响力各不相同。如果你是企业的决策者，如何划分利益相关者的层次呢？在决策时，应该考虑哪些因素呢？

4. 在全球化背景下，你认为当代中国企业履行社会责任的关键是什么？应如何树立中国企业的全球形象？

参考文献

[1]［英］亚当·斯密.道德情操论[M].商务印书馆,1997.

[2]［英］亚当·斯密.国民财富的性质和原因的研究(上下卷)[M].商务印书馆,1972.

[3]［英］亚当·斯密.法律学[M].商务印书馆,1972.

[4]纪良纲,王小平等.商业伦理学[M]中国人民大学出版社,2011.

[5]于惊涛,肖贵蓉.商业伦理:理论与案例[M]清华大学出版社,2012.

[6]刘光明.商业伦理学(第二版)[M]经济管理出版社,2012.

[7]晁罡等.西方商业伦理教育沿革及影响研究[J].华南理工大学学报(社会科学版),2012(3).

[8]吴红梅.我国商学院本科生商业伦理教育普及性与对策研究[J].淮阴师范学院学报(自然科学版),2012(4).

[9]聂进.关于普及和加强我国商业伦理教育的思考[J].武汉大学学报(社会科学版),2003(6).

[10]施祖军.论提高我国当代商人的道德修养[J].湖南商学院学报(双月刊),2005,12(6).

[11]张霄.道德标准的“标准”是像空气一样客观存在的公平[J].改革与开放,2017(19).

[12]马新宇.底线伦理、多元主义与道德虚无主义的克服[J].西北大学学报(哲学社会科学版),2017,47(5).

[13]韩秋念.道德标准和行为后果对不同道德判断能力个体道德伪善的影响[D].四川师范大学,2017.

[14]杜炳荟.道德绑架还是道德评价[J].怀化学院学报,2017,36(7).

[15]胡大一.需要用法律和道德标准共同推动健康社会环境的构建[J].慢性病学

杂志，2016，17(11).

[16]王冠华. 新达尔文主义视角下的儒家人性伦理观[A]. 中华人民共和国文化部(Ministry of Culture of the People's Republic of China)、山东省人民政府(Shandong Provincial People's Government). 第五届世界儒学大会学术论文集[C]. 中华人民共和国文化部(Ministry of Culture of the People's Republic of China)、山东省人民政府(Shandong Provincial People's Government)：中国艺术研究院，2012：11.

[17]陈小艳. 德性伦理视域下的孟荀人性论比较研究[D]. 贵州大学，2016.

[18]钟美玲. 从市场经济视角审视黑格尔人性恶的伦理思想[J]. 喀什师范学院学报，2015，36(2).

[19]方旭红. 学衡派伦理思想研究[D]. 东南大学，2016.

[20]乔洪武，李新鹏. 权利界定、人性自利与交易成本约束——科斯的经济伦理思想新探[J]. 天津社会科学，2015(1).

[21]陈炳富，周祖城. 商业伦理学概论[M]. 天津南开大学出版社，2008.

[22]戴维·奥斯本，特德·盖布勒. 改革政府——企业精神如何改革着公营部门[M]. 上海：上海译文出版社，1996.

[23]德鲁克. 新现实：走向 21 世纪[M]. 北京：中国经济出版社，1993.

[24]高桥龟吉. 日本经济跃进的根本要因[M]. 东京：日本经济新闻社，1983.

[25]龚维敬. 垄断经济学[M]. 上海：上海人民出版社，2007.

[26]胡汝银. 竞争与垄断：社会主义微观经济分析[M]. 上海：上海三联书店，1988.

[27]黄亚钧，姜纬. 微观经济学教程[M]. 上海：复旦大学出版社，1995.

[28]杰克·韦尔奇，约翰·拜恩. 杰克·韦尔奇自传[M]. 曹彦博，孙立明，丁浩译. 北京：中信出版社，2010.

[29]李茹. 政府干预市场的伦理分析[D]. 北京：中国社会科学院，2000.

[30]卢勤忠. 商业贿赂犯罪研究[M]. 上海：上海人民出版社，2011.

[31]鲁照旺. 政府经济学[M]. 郑州：河南人民出版社，2001.

[32]巴达拉克. 沉静领导[M]. 杨赋译，北京：机械工业出版社，2008.

[33]弗雷德里克·弗雷尔. 商业伦理：伦理决策与案例[M]. 陈阳群译. 北京：精华大学出版社，2005.

[34]李云步. 新宪法简论[M]. 北京：法律出版社，1984.

[35]诺玛·哈里森，丹尼·萨姆森. 技术管理：理论知识与全球案例[M]. 肖永波，刘晓玲译. 北京：清华大学出版社，2004.

[36]杨赋. 沉静领导之道——“告密者”的背后[J]. 经济观察报，2003(2).

[37]约里斯·范·鲁塞弗尔达特,耶勒·菲瑟.欧洲劳资关系:传统与改变[M].于云霞等译,北京:世界知识出版社,2000.

[38]约瑟夫·W·韦斯.商业伦理:利益相关者分析与问题管理方法[M].符彩霞等译.北京:中国人民大学出版社,2005.

[39]熊彼特.经济发展理论[M].北京:机械工业出版社,2010.

[40]威廉·鲍莫尔.企业家精神[M].武汉:武汉大学出版社,2010.

[41]维杰·萨斯.公司的企业家精神:高层管理者和业务创新[M].北京:中国人民大学出版社,2008.

[42]钱颖一.创新源于企业家精神[J].新经济导刊,2010(11).

[43]方虹.企业家精神与领导艺术[M].北京:中国人民大学出版社,2012

[44] 赵薇.企业家创新精神原动力研究[J].山东社会科学,2010(7).

[45]欧雪银.公司企业家精神的内涵与构成[J].社会科学家,2011(2).

[46]王丽敏,肖昆,项晶.企业家精神理论的演化与新进展[J].经济师,2010(7).

[47]张玉梅.企业成长需要企业家和企业家精神——评《企业家精神与领导艺术》[J].中国人民大学学报,2014(3).

[48]丁栋虹.什么是企业家精神[J].青年记者,2011(16)

[49]李杏.企业家精神对中国经济增长的作用研究——基于SYS-GMM的实证研究[J].科研管理,2011(1).

[50]郭治楠.论企业家精神对经济发展的影响[J].赤峰学院学报(自然科学版),2013(19).

[51]中共中央,国务院.关于营造企业家健康成长环境弘扬优秀企业家精神更好发挥企业家作用的意见.2017(9).

[52] 朱乾,杨勇,陶天龙,达庆利.企业家精神影响因素的国外研究综述[J].东南大学学报(哲学社会科学版),2012,14(4).

[53] 刘鹏程,李磊,王小洁.企业家精神的性别差异——基于创业动机视角的研究[J].管理世界,2013(8).

[54]叶蜚声,徐通锵.语言学纲要.北京大学出版社.

[55] 张美岭,陈勇勤.企业家精神的影响因素分析与政策启示[J].现代管理科学,2015(7).

[56]王曙光,中国企业家精神的历史传承与创新[J].企业文化,2017(11).

[57]白少君,崔萌筱,耿紫珍.创新与企业家精神研究文献综述[J].科技进步与对策,2014,31(23).

[58]刘鹏程,李磊,王小洁.企业家精神的性别差异——基于创业动机视角的研究[J].管理世界,2013(8).

[59]汪川,陈晓霞,朱曦济.年龄结构与企业家精神:基于中国省级数据的实证分析[J].当代经济研究,2014(7).

[60]李香慧.中国企业家精神缺失的根本原因[J].中国市场,2018(8).

[61]马琼玺.我国为何缺乏企业家精神[J].农村经济与科技,2018,29(12).

[62]乔倩文.我国企业家精神缺失的原因及解决对策[J].当代经济,2018(5).

[63]张玉利,杨俊.国外企业家精神教育及其对我们的启示[J].中国地质大学学报(社会科学版),2004(4).

[64]王丰.市场垄断现象的利弊分析[J].辽宁经济,2018(4).

[65]孙云龙,刘万兆.大学生创业教育模式探索——基于企业家精神培养视角[J].思想教育研究,2013(11).

[66]魏文斌.创新、诚信和责任是企业家精神的三要素[J].中国市场监管研究,2016(9).

[67]魏文斌.创新、诚信和责任是企业家精神的三要素[J].中国市场监管研究,2016(9).

[68]邢岩.论中国传统文化对当代企业经营的重要影响——以李嘉诚经营理念为例[J].企业经济,2015(1).

[69]崔舒丽.京东财务战略分析——持续利润亏损背后的企业价值和风险[J].现代经济信息,2016(8).

[70]袁霞.企业良性竞争及其模型分析[J].知识经济,2014(11).

[71]胡电喜.大学生企业家精神培育的创新与实践——以云南省高校为例[J].普洱学院学报,2016,32(1).

[72]廖菲.试析我国现代商业职业道德[J].商业研究,2003(19).

[73] 尹晓晨.商业道德的涵义核心及与社会道德的关系[J].商业经济研究,1987(14).

[74]徐尚昆,杨妆岱. 企业社会责任概念范畴的归纳性分析[J].中国工业经济,2007(5).

[75]杨帆,吴江. 国外关于企业社会责任的理论评介[J]. 暨南学报(哲学社会科学版),2006,(9).

[76]朱贻庭. 伦理学大词典[M].上海:上海辞书出版社,2002.

[77]周祖城. 管理与伦理[M].北京:清华大学出版社,2000.

[78]乔纳森・查卡姆. 公司常青[M]. 郑江淮，李鹏飞等译. 北京：中国人民大学出版社，2006.

[79]霍尔斯特・施泰因曼. 企业伦理学基础[M]. 上海：上海社会科学院出版社，2001.

[80]成中英. 文化、伦理与管理：中国现代化的哲学省思[M]. 贵阳：贵州人民出版社，1991.

[81]陈炳富，周祖城. 企业伦理学概论[M]. 天津：南开大学出版社，2000.

[82]戴维・J・弗里切. 商业伦理学[M]曹杨斌，石坚，郭阅译. 北京：机械工业出版社，2002.

[83]符启林. 消费者权益保护法概论[M]. 海口：南海出版公司，2007.

[84]国家标准计量局. 消费品使用说明总则[Z]. 1985.

[85]纪良纲. 商业伦理学[M]. 北京：中国人民大学出版社，2005.

[86]姜松荣. "第四条原则"——设计伦理研究[D]. 伦理学研究 2009(3).

[87]金占明. 企业管理学[M]. 北京：清华大学出版社，2002.

[88]刘红叶. 企业伦理概论[M]. 北京：经济管理出版社，2007.

[89]A B Carroll. The Pyramid of Corporate Social Responsibility: Toward the Moral Management of Organizational Stakeholders[J]. Business Horizon, 1991.

[90]Andri of Jorg, Marsden Chris Corporate Citizenship: What is it and how to assess it? LCJ. Third Annual Warwick Corporate Citizenship Unit Conference. University of Warwick, UK. 2000(7)

[91] Bowen H. Social Responsibilities of the Businessman [M]. New York: Harper, 1953.

[92] Carroll, Buchholtz. Business and Society: Ethics and Stakeholder Management(5 Edit) . South－Western, a division of Thomson Learning, 2003.

[93] Carroll A. A Three － Dimensional Conceptual Model of Corporate Performance[J]. Academy of Management Review, 1979, 4(4).

[94] Milton Friedman. The Social Responsibility of Business is to Increase its Profits[J]. The New York Times Magazine, 1970(9).

[95] Mitchell A, Wood D. Toward a theory of stakeholder identification and salience: Defining the principle of whom and what really counts [J]. Academy of Management Review, 1997 , 22(4) : 853－886.

[96] O C Ferrell, John Fraedrich, Linda Ferrell. Business Ethics: Ethical Decision

Making and Cases [M]. Boston: Houghtoun Mifflin Company ,2008.

[97] Oliver Sheldon. The Social Responsibility of Management [J]. The Philosophy of Management,1924.

[98] R Edward Freeman. Strategic Management: A Stakeholder Approach(IV) [M]. Harpercollins College Div,1984.

[99] Sethi S P. Dimensions of corporate social performance: An analytical framework[J]. California Management Review,1975,17(3).

[100]沈鹏熠,范秀成.在线零售商营销道德,购物体验与顾客行为倾向研究[J].大连理工大学学报:社会科学版,2016,37(3).

[101]王秀村,牛席席.基于组织支持理论的顾客契合行为驱动因素研究[J].南京理工大学学报:社会科学版,2016,29(2).

[102]田虹,王汉瑛.营销伦理决策测量研究述评与展望[J].华东经济管理,2015,29(3).

[103]钟帅,王立磊,章启宇.在线评论感知和涉入度对网站品牌忠诚的影响[J].企业经济,2015(4).

[104]张辉,白长虹,牛振邦.顾客契合研究前沿探析[J].中大管理研究,2015(10).

[105]李吉艳.企业营销道德建设对顾客忠诚度的影响[J].晋中学院学报,2014,31(4).

[106]马玲,吴秀莲.企业营销伦理问题及对策研究[J].长春理工大学学报:社会科学版,2014,27(5).

[107]叶婷玉.企业营销道德对顾客重复购买意向影响的研究[D].上海外国语大学,2012.

[108]周秀兰.营销道德研究综述——基于国内学者的研究[J].华东经济管理,2011(4).

[109]于晓牧.Logistic 回归多重共线性诊断方法的研究[D].大连医科大学,2010.

[110]张国宝.网络营销道德评价体系构建[J].商业时代,2009(23).

[111]寿志钢,甘碧群.企业营销道德的测评维度及其在道德总体感知中的作用[J].南开管理评论.2008(3).

[112]李东进,杨凯,周荣海.消费者重复购买意向及其影响因素的实证研究[J].管理学报,2007,4(5).

[113]周利国.中小企业伦理与道德建设五日通[M].经济科学出版社,2007.

[114]万后芬,周建设.品牌管理[M].清华大学出版社,2006.

[115]朱丽叶.企业营销中的伦理问题及防范对策[J].企业活力,2006(8).

[116]王方华,周祖城.营销伦理[M].上海交通大学出版社,2005.

[117]郑冉冉.企业营销道德问题探究[J].江苏商论,2005(7).

[118]姚中华.企业获取核心竞争力的顾客价值分析.江西社会科学,2002(2).

[119]汪纯孝,温碧燕,姜彩芬.顾客的服务消费经历与行为意向的实证研究[J].中山大学学报:社会科学版,2001,41(3).

[120]李威巍.马克思伦理思想下我国商业伦理构建研究[D].哈尔滨:齐齐哈尔大学,2012.

[121]伍华佳.儒家伦理与中国商业伦理的重构[J].社会科学,2012(3).